Das nicht nur geschlagene Kind

Heinrich-Andreas Makiela

Das nicht nur geschlagene Kind

Autobiografie – die Jahre 1932 bis 1955

Bibliografische Information der Deutschen Bibliothek:
Die Deutsche Bibliothek verzeichnet diese Publikation in der
Deutschen Nationalbibliografie; detaillierte Daten sind im Internet über
<http://dnb.dbd.de> abrufbar.

© 2018 Heinrich-Andreas Makiela
Herstellung und Verlag: Books on Demand GmbH, Norderstedt
ISBN: 978-3-7528-8372-5

Durchgesehen und korrigiert von Johannes Gunsenheimer

Inhaltsverzeichnis

Vorwort

Gehören Schläge zur Kindererziehung? Kindererzieher wie Eltern, Großeltern, Erzieher im Kindergarten, Lehrer in der Schule, Geistliche in verschiedenen Religionen und andere Personen in verschiedenen Länder sind nicht immer der gleichen Meinung, wenn es um die Erziehungsmethode geht. Kinderbuchautorin Astrid Lindgren sollte gesagt haben: *„Kinder sollen mit viel Liebe aufwachsen, aber sie wollen und brauchen auch Normen."*

Unter „... wollen und brauchen auch Normen" versteht man wohl, dass das Kind sich den Erziehungsnormen der Eltern, Erzieher usw. unterwerfen soll. Zu den Erziehungsnormen gehört wohl nicht, Kinder zu schlagen. Also, Kinder sollen mit viel Liebe und Normen aufwachsen – d. h. bis sie erwachsen sind. Wie sollen Kinder mit viel Liebe und zugleich unter Anwendung von Normen aufwachsen?

In einer intakt lebenden Familie lieben die Eltern ihre Kinder immer. Manche Erzieher behaupten, dass bei Anwendung einiger Erziehungsnormen das Kind spürt, dass es nicht geliebt wird. Die Erziehungsnormen sollten auch angewandt werden, wenn sich das Kind außerhalb des Elternhauses befindet, und zwar durch Personen, die den Eltern bekannt oder unbekannt sind. Damit sind jedoch viele Eltern nicht einverstanden. Sie sind der Meinung, dass ihr Kind keine zusätzlichen Erziehungsnormen braucht. Und so kommt es auch manchmal zwischen den Eltern und den anderen Personen zum Streit. So wächst ein Kind mit zwei Gesichtern auf – zu Hause und außerhalb des Hauses. Viele Kinder benehmen sich dann außerhalb des Elternhauses so, wie es ihnen gefällt, denn keiner wagt es, sie auf schlechtes Benehmen aufmerksam zu machen.

Viele Eltern führen die Erziehungsnormen manchmal etwas zu spät ein, und das Kind widersetzt sich ihnen. Wenn das Kind so erzogen wird, dass es immer mit der Erziehung zufrieden gestellt wird und nicht weint, so werden die Eltern weinen, wenn ihr Kind erwachsen ist. Filmschauspielerin Elizabeth Taylor soll gesagt haben: *„Das Geheimnis der Kindererziehung besteht darin, zu wissen, wann man seine Geduld verlieren muss. "*

Aus den Medien erfährt man, dass Kinder zu ihrer Entwicklung *„Freiraum"* brauchen. In dem Freiraum können sie also tun, was ihnen gefällt. Und so muss man Kinderlärm ertragen, ob auf der Straße, draußen am Schulplatz, am Kindergarten-Spielplatz, in der Kirche usw. Wenn sich in unser Kirche manchmal ein kleines Kind in der hl. Messe befindet, dann ist es laut und stört die Messebesucher. Keiner der Kirchenbesucher erlaubt es sich, darauf aufmerksam zu machen – sonst würde man ihn gleich zum *„Kinderfeind"* abstempeln. Bei einem Urlaub in Kenia waren wir in der katholischer Kirche zur hl. Messe. Die Kirche war sehr primitiv gebaut, mit einem sandigen Boden. Während der hl. Messe saßen auf dem sandigen Boden um Altar herum viele kleine Kinder brav und stumm. Können die Eltern in Kenia ihre Kinder besser erziehen als wir unsere?

Papst Franziskus sagte bei einer Audienz im Jahr 2015: *„Mit Würde ein Kind zu schlagen ist in Ordnung",* um ihm *„damit zu seiner Entwicklung und Erwachsenheit [zu] helfen."*

Das, was Papst Franziskus im Jahr 2015 sagte, wendete mein Vater schon seit dem Jahr 1932 an. Mit strenger Disziplin, Schlägen und anderen Strafen half mir mein Vater zu meiner Entwicklung und Erwachsenheit. Ich musste immer gehorsam, wahrhaftig, fleißig usw. sein, sonst wurde ich bestraft – meistens geschlagen, durfte das Haus nicht verlassen. Ab und zu war ich sogar sitzend am Fuß eines Bettes in Eisenkonstruktion angefesselt. In Würde hat mich mein Vater bestimmt nicht geschlagen, wohl aber mit Verstand.

Die Worte von Papst Franziskus „*In Würde ein Kind zu schlagen ...*" fanden in den Medien eine große und vorwiegend negative Reaktion. Die Redaktion einer Zeitung stellte zehn jungen Eltern die Frage: „*Sollte man ein Kind schlagen?*" Die meisten Antworten waren „*Nein*". Die Frage sollte den Eltern gestellt werden, die erwachsene Kinder haben. Diese wissen es besser, und manche bedauern sogar heute, dass sie ihre Kinder nicht oder zu wenig geschlagen haben.

Jeder erwachsene Mensch ist Mitglied eines Staates und einer Religionsgemeinschaft, und so ist er verpflichtet, auf die Sitten, Regeln, Vorschriften, Gesetze usw. des Staates bzw. der Religion zu achten. Wenn er diese außer Acht lässt, wird er vom Staat bzw. der Religion bestraft. Ein Kind ist Mitglied einer Familie, und so ist es verpflichtet, auf die Erziehungsnormen bzw. -regeln in der Familie zu achten. Wenn das Kind diese außer Acht lässt, müsste es von den Eltern bestraft werden, und das mit einer Strafe, die weh tut. Die Ansicht, Kinder nicht zu schlagen, wird wohl nur von folgenden Menschen vertreten: Psychologen, Erziehern usw., Menschen, die selber keine Kinder haben, oder Eltern, die ihre Kinder vergöttern. Die Diskussion „*Sollte man ein Kind schlagen? Nein, ja, vielleicht*" bewegte mich dazu, meinen Erziehungsweg zu beschreiben.

Ich denke nicht daran, dass Eltern ihre Kinder schlagen sollen. Ich beschreibe nur die angewandte Erziehungsmethode meines Vaters bei mir. Heute im Alter von 85 Jahren kann ich nur sagen, dass die Methode eine richtige war, denn bis zu dem Alter empfinde ich keine psychischen Störungen bzw. körperlichen Schäden. Solche Kinder, wie ich damals eines war, befinden sich heute in vielen Familien, jedoch dürfen ihre Eltern die Erziehungsmethode meines Vaters nicht mehr anwenden. Denn z. B. Paragraf 1631 des BGB sagt, dass Kinder das Recht auf gewaltlose Erziehung haben. Demnach ist eine Ohrfeige schon eine Körperverletzung, und dafür drohen Geld- oder Haftstrafen. Und so haben die Kinder heute sogar das Recht, ihre Eltern anzuklagen. Heute wäre mein Vater für meine Gewalterziehung bestraft worden, und ich könnte in meinem „*Freiraum*" Unfug treiben. Meiner Meinung nach muss ein Kind vor Schlägen Angst haben. Es ist schwierig, den Eltern eine Erziehungsmethode vorzuschreiben. Einige Kinder besitzen gute angeborene Eigenschaften, und anderen muss man diese mit friedlichen oder mit unfriedlichen Methoden beibringen.

Kinderarbeit? Bei einer Marokko-Rundreise besuchten wir die Markthalle in Marrakesch. An einem Stand, wo Ledergürtel hergestellt wurden, „arbeiteten" zwei Kinder – Jungs, im Alter von 9 – 12 Jahren. Ihre Arbeit bestand darin, Löcher in den Gürteln auszuschlagen und die Metallschnallen für die Gurte zu polieren. Eine Dame aus unser Gruppe sagte dem marokkanischen Stadtführer: „*Die Kinderarbeit bei euch gefällt mir nicht.*" Darauf sagte er: „*Die Kinderjahre sind nicht dazu da, um mit Spielzeug zu spielen. In dieser Zeit muss man das Kind auf das Leben eines Erwachsenen vorbereiten.*" Hierzu passt ein Sprichwort aus Persien: „*Wer seinem Kind kein Handwerk beibringt, bringt ihm das Stehlen bei.*"

Dezember, 2017
Heinrich-Andreas Makiela

Die Jahre von 1932 – 1939

Ich wurde am 13. August 1932 in Dąbrówka Wielka, Ost-Oberschlesien, Polen, als zweites von sechs Kindern geboren. Zur Welt brachte mich eine Hebamme in der Wohnung meiner Eltern. Ich bekam die Vornamen Henryk-Andrzej. Eine Woche nach der Geburt wurde ich in der katholischen Pfarrkirche in Dąbrówka Wielka getauft.

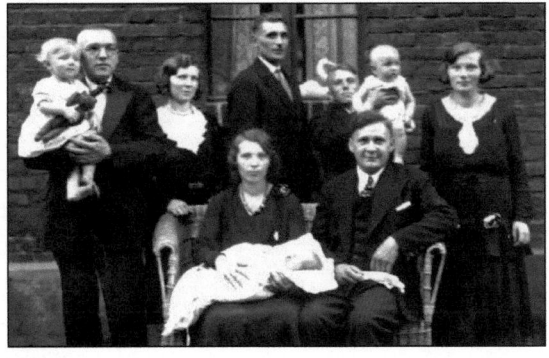

Foto: Meine Taufe. Stehend von links: Mein Vater Andreas mit meiner Schwester Sofia, die Schwester und der Schwager meiner Mutter mit meinem Cousin Jan, meine Mutter Stanislawa. Sitzend: meine Taufpaten Helena Szymański und Bruno Październiok. Die Taufpatin hält mich – August 1932.

Geboren bin ich unter dem Sternzeichen Löwe. Die Horoskope beschreiben einiges über die Menschen, so auch mich, den „Löwen-Mann". Folgend einiges aus einem Horoskop für den „Löwen-Mann": *„Königlich ist er! In seinem Willen, seiner Kraft, seinem Stolz und in seinem Liebesvermögen. Er hebt sein Haupt, schüttelt die Mähne und hat es gern, wenn man bewundernd zu ihm aufsieht. Er kennt seine Ziele, seine Privilegien. Er weiß auch ganz genau, was er nicht will: sich anpassen, zum Beispiel die zweite Geige spielen oder von zarter Hand unterbuttert werden. Nein, all das kann Herr Löwe beim besten Willen nicht ertragen."* *Usw., usw.*

Meine Eltern stammten nicht aus Dąbrówka Wielka. Der Vater Andreas, Jahrgang 1903, stammte aus Sachsen (Leipnitz), die Mutter Stanislawa, Jahrgang 1911, stammte aus Wieluń (Welungen),

Polen. Die Eltern haben sich in Sachsen kennen gelernt, wo meine Mutter als Waisenkind zu dieser Zeit lebte. Im Jahr 1929 zog meine Mutter zu ihrer Schwester Helena nach Dąbrówka Wielka, Ost-Oberschlesien. Der Vater folgte ihr nach, wo sie im Jahr 1930 geheiratet haben, und sie wurden Eltern von sechs Kindern – zwei Mädchen und vier Jungs.

Foto: Ich (10 Monate - im Stuhl) und meine Schwester Sofia (2 Jahre) im Garten, wo wir wohnten.

Wir wohnten immer zur Miete in Dąbrówka Wielka. Der Vater war von Beruf Friseurmeister und besaß einen Damen- und Herren-Friseursalon. Meine Mutter war immer Hausfrau, aber sie war auch ab und zu im Friseursalon meines Vaters tätig. Vorwiegend war sie mit dem Frisieren der Frauen und Mädchen beschäftigt. Zur Damenfrisur gehörte damals: Herrenschnitt, die Wasserwellen (im feuchten Haar gelegte Wellen) und die Wellen mit der Tollschere.

Die Bewohner von Dąbrówka Wielka waren vorwiegend Bauern und Arbeiter. Sie waren sehr sparsam und wollten nicht zu oft zum Friseur gehen. Im Ort waren auch einige Friseurpfuscher am Werk, und manche Eltern schnitten ihren Kindern selber die Köpfe kahl oder ließen ihnen eine kleine Mähne. Zusätzlich zu den Friseurdiensten hat mein Vater auch der Kundschaft Zähne gezogen. Einen Zahnarzt gab es nur in den Großstädten, und um dorthin zu kommen, brauchte man viel Zeit, und dazu war die Fahrt und der Zahnarzt auch zu teuer. Bei meinem Vater wurde der Zahn am Ort gezogen, und das war auch viel günstiger.

Mein Vater war ebenso Puppendoktor, reparierte Puppen und machte aus den Zöpfen, die er den Mädchen abgeschnitten hatte, Perücken für ihre Puppen. Und so trugen ihre Puppen zum Andenken deren abgeschnittene Haare. Ob er das alles, Puppendoktor und Zähne ziehen, als Friseurlehrling gelernt hatte oder ob er sich das selbst beigebracht hatte, ist mir unbekannt. Jedenfalls bot er diese Dienste in seinem Friseursalon der Kundschaft an.

Foto: Mein Vater (28) im Friseursalon – Dąbrówka Wielka, 1931

Vom 1930 bis 1939 wohnten wir in einer Einzimmer-Dachgeschosswohnung mit einer Wohnfläche von ca. 32 m². In der kleinen Wohnung lebten zuletzt fünf Personen: die Eltern und drei Kinder (geb. 1931, 1932, 1936). Kein Bad und eine Trocken-Toilette im Hof des Gebäudes. Gekocht und geheizt wurde mit Kohle (Steinkohle). Kein Leitungswasser oder Wasserabfluss. Leitungswasser gab es im Flur des Erdgeschosses. Das Schmutz- bzw. Gebrauchtwasser musste man im Eimer nach draußen tragen, und je nachdem, wie stark es verschmutzt war, wurde es im Hof, auf die Straße oder auf den Misthaufen ausgeschüttet. Öfters musste man den Nachttopf mit der Kacke der kleinen Geschwister nach draußen tragen, um es in der Toilette zu entsorgen, egal ob es Sommer oder Winter war. Erwachsene urinierten vorwiegend in einen Eimer mit Schmutzwasser, was dann auch draußen ausgeschüttet wurde. Die kleinen Kinder trugen meistens kurze Hemdchen, so war der Po frei, um es schnell sauber zu machen.

Der Friseursalon meines Vaters befand sich im Erdgeschoss des Hauses, wo wir wohnten. Die Nutzfläche des Friseursalons war größer als unsere Wohnfläche im Dachgeschoss. Wenn meine Mutter im Friseursalon tätig oder außer Haus war, befanden wir Kinder uns meistens im Friseursalon unter der Aufsicht des Vaters. Um mehr Ruhe in der kleinen Wohnung zu schaffen, war ich öfter in den Friseursalon verbannt und musste dort in einem aus Weide geflochten Sessel ruhig sitzen – der auf dem Foto „Meine Taufe" zu sehen ist. Wenn keine Kundschaft da war, so hatte mir mein Vater etwas vorgelesen. Oft malte ich mit Buntstiften. Manchmal beschäftigte mich auch die Kundschaft. Von der Straße her führte eine gemauerte Treppe zum Friseursalon, und auf der durfte ich manchmal sitzen, um frische Luft zu schnappen und so auch einiges beobachten. Von der Treppe machte ich mich aber öfter selbstständig und lief weg. Mir gefiel wohl nicht, einsam zu sein und mich der strengen Hausordnung zu unterwerfen. Die Eltern fanden mich immer irgendwo spielend mit fremden Kindern.

Außerhalb unseres Ortes, etwa drei Kilometer von unserer Wohnung entfernt, befand sich ein großes Gewässer, das teilweise mit Schilf zugewachsen war. An schönen Sommersonntagen machten viele Menschen aus unseren Ort und der Umgebung dorthin einen Ausflug. Einmal war ich dort mit den Eltern. Am Wasser, auf den grünen Flächen und unter schön gewachsenen Birken suchten sie da Erholung. Einige machten Picknick, andere fuhren auf den Gewässern mit dem Boot, badeten, fingen Fische oder sangen unter Gitarren- und Akkordeonbegleitung. Als ich mit den Eltern dort war, da musste mir das alles gut gefallen haben, und ich dachte mir wohl, dass sich dort täglich so viele Menschen befänden und so fröhlich seien.

Eines Tages bin ich alleine zu dem Gewässer gegangen. Der Weg führte etwas durch den Ort, der Rest des Weges aber durch die Felder. Als ich dort ankam, war ich wohl enttäuscht, dass dort keine Menschen waren, und so ging ich zurück nach Hause. Bei der Rückkehr war ich so müde, dass ich im Hof eines am Rande des Ortes stehenden Hauses eingeschlafen bin. Die Bewohner des Hauses nahmen mich in das Haus herein, wo ich weiter schlief. Als ich wach wurde und die fremden Leute sah, weinte ich. Meinen Namen wollte ich den Leuten nicht verraten. Ich versuchte nur abzuhauen, was mir nicht gelungen war. Am Ende sind sie mit mir auf die Straße gegangen, und ich ging unter Beobachtung der Leute nach Hause.

Als ich zurück nach Hause kam, waren meine Eltern nicht da. In der Zeit suchten sie mich an dem Gewässer, denn jemand soll ihnen gesagt haben, dass sie einen Bub gesehen hätten, der in die Richtung gegangen sei. Damals war ich um die vier bis fünf Jahre alt. An den Streich konnte ich mich nicht mehr erinnern, das erfuhr ich später von meinen Eltern. Ob ich vom Vater für den Streich bestraft wurde, daran kann ich mich auch nicht erinnern, denn sonst wurde ich für viele andere Streiche meistens vom Vater verprügelt. Aber ich lief den Eltern öfters von Zuhause weg. Vielleicht lag das daran, dass die Eltern zu wenig Zeit hatten, um mich zu beschäftigen.

Als ich zwischen vier bis sechs Jahre alt war, besaß ich ein Dreirad, das in einer Schlosserei angefertigt worden war. Die Räder stammten von einem Kinderwagen, die für mein Gewicht damals stark genug waren. Aber wenn ich manchmal mit dem Fahrrad alleine unterwegs war, machten Jugendliche eine Probefahrt, bei der wurde das Fahrrad kaputt gemacht. Dann trug ich das Fahrrad weinend zurück nach Hause. Die Räder hielten das Gewicht der Jugendlichen nicht aus und gingen zu Bruch. Am Ende konnte ich das Fahrrad nur unter Aufsicht der Eltern benutzen.

Ob ich irgendwelche Spielzeuge in dem Alter hatte, daran kann ich mich nicht erinnern. Einmal zu Weihnachten bekam ich eine Eisenbahn – Lokomotive mit zwei Wagons und runden Schienen.

Die Lokomotive mit Antrieb zum Aufziehen. Spielen mit der Bahn durften wir Kinder nur unter Aufsicht der Eltern.

Meine Taufpatin, Tante Helena, nahm mich manchmal aus Erbarmen zu sich nach Hause. Aber mein Verhalten bei ihr war auch nicht anders, ich riss auch bei ihr aus. Am Ende wollte sie mich bei ihr nicht mehr haben. Sie sollte meiner Mutter gesagt haben: *„Das ist kein Kind, das ist ein Teufel."*

Wie sollte man so einen „Teufel" zur Vernunft bringen – nach der Empfehlung von Frau Lindgren, *„Kinder sollen mit viel Liebe aufwachsen, aber sie wollen und brauchen auch Normen"*, bestimmt nicht, oder doch? Denn aus Liebe zu mir hätte der Vater mir die Freiheit geben und seine angewendete Erziehungsnormen hierzu weglassen können. Vielleicht wäre ich eines Tages selbst zur Vernunft gekommen, oder auch nicht?

Als ich fünf Jahre alt war, ging ich mit meiner Schwester Sofia zum katholischen Kindergarten, der sich in einem Nonnenkloster befand, wo auch die Nonnen die Erzieherinnen waren. Die Erziehung wurde im Geiste der katholischen Lehre geübt. Hin und zurück sind wir zu Fuß gegangen. Die Brote musste jedes Kind mitbringen, und diese trugen wir von zu Hause in kleinen Umhängetaschen. Auf dem Weg hin und zurück konnte ich nicht weglaufen, da ich unter der Aufsicht meiner Schwester war. Nachdem meine Schwester eingeschult war, hatte ich ein Mal den Kindergarten geschwänzt. Um pünktlich zu Hause anzukommen, orientierte ich mich am Kirchenläuten um 12 Uhr und den Schlägen der Kirchenuhr. Nach dem Schwänztag wurde ich zum Kindergarten gebracht und auch abgeholt.

Der strenge Umgang meines Vaters mit mir gefiel nicht nur der Tante Helena nicht, das gefiel auch nicht dem Hausbesitzer, wo wir wohnten, Herrn Październiok – dem Vater meines Taufpaten Bruno. Er sah wohl, dass mir das immer zu Hause sein zu langweilig war. Er ging öfters Fischen, und so nahm er mich ab und zu mit. Er fischte in einem Überschwemmungsgebiet des Flusses Brynica (Brinitza) in dem Ort Przełajka (Przelaika). Wir gingen dorthin zu Fuß ca. 3 km durch die Felder. Unterwegs konnte ich die verschiedene Vöglein sehen und ihren Gesang hören, verschiedene Tiere beobachten und die schöne Natur anschauen usw. Das Anwesen seines Elternhauses lag an dem Überschwemmungsgebiet des Flusses, und dort, am Ufer des Gewässers, hatte er ein Fischerboot am Anker gehabt. Zum Fischen sind wir mit dem Boot gefahren. Dabei konnte ich die Vielfalt der Wasserpflanzen, der Wasservögel, der Fische, der Frösche usw. bewundern und so diese auch kennen lernen.

Herr Październiok hatte auch immer gute Brote und Getränke dabei gehabt. Die Brotzeit war für mich etwas Besonderes, und ich wartete immer ungeduldig auf sie. Er besorgte mir ebenfalls eine kleine Angel, und ich fing auch manchmal einen Fisch. Mir gefiel dabei ebenso die Stille, denn wir unterhielten uns dabei nicht. Im Boot war ich für den Wirt sicher, dass ich ihm nicht irgendwohin wegliefe. Die Stille im Boot machte mich auch müde, und so schlief ich öfters ein.

Einmal, als wir zum Fischen durch die Felder gegangen sind, trug ich meine Sandalen in der Hand, weil ich barfuss laufen wollte. Ihm gefiel das nicht, aber ich bin trotzdem barfuss gelaufen. Statt auf dem Gehweg zu gehen, ging ich im Graben des Feldweges, der mit Gras bewachsen war. Und es passierte – ich trat mit dem Fuß auf ein Stück Glas und zog mir an der Fußsohle eine große ca. 2,5 cm lange stark blutende Schnittwunde zu. Er riss ein Stück Stoff von seinem Hemd und versorgte mir damit die Wunde, und wir gingen weiter. Kurz danach trug er mich ein Teil des Weges.

Wäre ich ordnungsgemäß in Sandalen auf dem Feldweg gegangen, so wäre das nicht passiert. Im Boot, während er fischte, schlief ich nur. Meistens passieren verschiedene Kinderunfälle, wenn die Kleinen den Rat der Eltern bzw. älteren Menschen nicht befolgen.

Auf einem geliehenen Fahrrad fuhr mich Herr Październiok nach Hause. Beim Arzt waren wir nicht. Der Vater war im DRK tätig, und so versorgte er mir die Wunde fachmännisch zu Hause. Heute würden die Eltern mit mir zum Arzt gehen, und die Wunde würde bestimmt genäht werden. Zum Anlocken der Fische wurden an den Angelhaken Regenwürmer aufgespießt. Er benutzte auch verschiedene Angelhaken und Köder, wie z. B. kleine Kugeln aus Brotkrumme oder kleine Fische. Es hing davon ab, welche Fischarten er fangen wollte. Die Regenwürmer gruben wir an einem etwas stinkenden Bach aus, die er dann in einer Köderdose aufbewahrte.

Mein Vater zeigte daraufhin auch Interesse am Fischfang und kaufte zwei Angeln, eine kleine für mich und eine große für sich. Die Angelruten waren aus Bambusstücken, die man zu einer Rute durch eine Verbindungsvorrichtung zusammen baute.

Ich musste immer dort sein, wo meine Eltern waren, und so immer unter ihrer Aufsicht sein. Das hatte mir wohl nicht gefallen, und so verschwand ich den Eltern, wenn es nur irgendeine Gelegenheit gab. Nach jedem Verschwinden verprügelte mich der Vater. Zu den anderen Strafen gehörte Hausarrest und in der Zimmerecke stehen. Manchmal wurde ich am Fußboden sitzend am Fuß eines Bettes aus Eisen angebunden, damit ich nicht weglaufe.

Vom Nikolaus (6.12.) bekam ich einmal als ein unartiges Kind Schläge und in einer kleinen Tüte etwas Kohle. Meine Schwester Sofia, als ein artiges Kind, bekam eine große Tüte mit Süßigkeiten. Die Schläge vom Nikolaus bekam ich deswegen, weil ich das Versprechen vom Vorjahr, mich zu bessern, nicht erfüllte. Zu Weihnachten bekam ich einmal unter dem Christbaum etwas Kartoffelschalen auf einem Teller. Sofia bekam auf einen großen Teller viele Süßigkeiten und ein Geschenk. Der Sofia tat das Leid, und sie wollte mir immer ein paar Süßigkeiten geben, die nahm ich aber nicht an. Traurig darüber, dass ich keine Süßigkeiten bekam und wegen der Nikolausschläge, war ich nicht. Auch die Schläge und andere Strafen vom Vater machten mir nicht viel aus. Schläge und Strafen, das war etwas ganz Normales in jeder Familie. Ich persönlich nahm das als etwas an, das wie Essen usw. zur Kindererziehung gehörte.

Damit sich die Kinder nicht ohne Aufsicht von zu Hause entfernten, wurde ihnen mit verschiedenen bösen Gestalten Angst gemacht. Zum Beispiel, dass im Ort die Zigeuner die Kinder klauen, dass in den Getreidefeldern böse Männchen leben, die Kinder überfallen und schänden. Weiter, dass in den Gewässern Wassermänner leben, die Kinder ertränken. Auch einen Frosch sollten die Kinder nicht von ganz nahe ansehen, denn nachdem der Frosch dem Kind die Zähne gezählt hat, stirbt es.

Mit dem Frosch wurde den Kindern Angst gemacht, damit sie nicht zu nah ans Gewässer gehen oder damit sie die Frösche nicht quälen. Manche Kinder haben nämlich Frösche gefangen, um dann dem Tier einen Gras- bzw. Getreidehalm in den After zu stecken und so in seinen Körper Luft hineinzublasen. Danach wurde der Frosch zurück ins Wasser gelegt, der mit der vielen Luft im Körper nicht unter Wasser verschwinden konnte, und so kam er immer wieder an die Oberfläche – zur Freude der Kinder.

Manchmal bekamen wir auch Angst in den Feldern, wenn ein Wind durch die Getreidefelder wehte, da dachten wir, dass der böse Mann durch die Getreidefelder läuft, um uns zu fangen. Natürlich liefen wir bei solchen Erscheinungen so schnell wie möglich weg. Ähnlich war es an Gewässern, wenn wir Planschen im Wasser hörten, da dachten wir, das ist der Wassermann, und liefen schnell vom Ufer des Gewässers weg, damit er uns nicht fangen konnte.

Die Zigeuner, die auch immer kleine Kinder, angeblich die gestohlenen, dabei hatten, erkannten wir an ihrer Kleidung. Wenn wir sie sahen, liefen wir schnell nach Hause und sagten den Eltern, dass die Zigeuner unterwegs seien.

Trotz der vielen Warnungen gingen die Kinder nicht nur ans Wasser, sondern auch ins Wasser. Ein Junge aus unserem Ort ertrank. Ein weiterer Junge verunglückte tödlich in einer Sandgrube.

Heute werden die Kinder nicht mehr vor Getreidemännchen, Wassermännern und Zigeunern gewarnt, sondern vor Kinderschändern, Kindesentführern und anderen Verbrechern, die zu jeder Zeit und überall auf sie warten.

Die Leute in Dąbrówka Wielka waren immer noch sehr sparsam und gingen selten zum Friseur. Um das Geschäft einträglicher zu machen, zog der Vater der Kundschaft weiter die Zähne und spielte auch weiter den Puppendoktor.

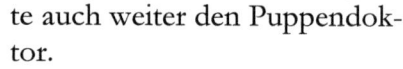

Um die Einkünfte zu verbessern, führten meine Eltern außer dem Friseursalon eine Bude mit Speiseeis. Das Eis stellte mein Vater her. Die Bude stand im Sommer an einer Straße in unserem Ort, und mit dem Verkauf des Eises war meistens meine Mutter beschäftigt.

Foto: Meine Mutter (27) in der Eisbude – 1938

In der Bude standen sie auch an den Sommersonntagen an Kirchweihfesten. Wir Kinder waren öfter dabei und befanden uns im hinteren Teil der Bude oder waren unter Obhut eines Kindermädchens.

Wir Kinder, Sofia und ich, wuchsen mit zwei Sprachen auf – Polnisch und Deutsch. Deutsch aus zwei Gründen – erstens: der Vater konnte schlecht Polnisch sprechen, und zweitens: damit wir uns mit seiner Familie in Sachsen, bei den Besuchen, verständigen könnten.

Die Eltern meines Freundes Bernhard besaßen zwei Ziegen, die er in den Feldern um unseren Ort weiden musste. Hierzu hatte er immer Brote oder ein Stück Kuchen dabei. Für uns zwei war das meistens etwas zu wenig. Wir waren damals sieben Jahre alt und kamen auf die Idee, uns Geld zu beschaffen, um beim Bäcker ein größeres Stück Kuchen zu kaufen. Eigentlich sollte ich das Geld besorgen, sozusagen aus der Kasse meines Vaters im Friseursalon klauen. Irgendwie konnte ich das nicht.

Eines Tages sagte Bernhard zu mir, dass er 1 Zloty hat, den er der Großmutter geklaut hatte. Er ging mit den Ziegen in die Felder und ich mit dem Geld zum Bäcker, um Kuchen zu kaufen. Für 1 Zloty bekam ich einige Stücke Kuchen (Blechkuchen). Die Frau des Bäckers hatte mich erkannt und fragte mich, ob wir Besuch hätten. Ich sagte: „*Ja, wir haben Besuch.*" Die Bäckersfrau wollte mir helfen, den Kuchen nach Hause zu bringen. Das wollte ich aber nicht. So sah sie hinter mir her, ob ich mit dem Kuchen gut zu Hause ankäme. Sie sah dabei, dass ich in die Felder abgebogen war. Nach einer kurzen Zeit ging sie zu meinen Eltern, um zu erfahren, wozu sie Kuchen in den Feldern bräuchten. Meine Mutter ging zu Bernhards Eltern, und so war der Kuchenkauf gelüftet. Wir zwei konnten den Kuchen nicht aufessen, so fütterten wir damit die Ziegen. Den verbliebenen Rest vergruben wir in einem Erdloch.

Als wir mit den Ziegen zurück bei Bernhard zu Hause waren, wartete schon Bernhards Onkel mit einer Pferdepeitsche auf uns. Er schlug uns mit der Peitsche so lange, bis wir sagten, woher wir das Geld hätten. Zu Hause bekam ich noch weitere Schläge von meinem Vater. So ging auch die Freundschaft mit Bernhard zu Ende. Wir durften nicht mehr zusammenkommen.

Ich hatte noch andere Freunde, Jungs und Mädchen. Zusammen spielten wir öfter Hochzeit. Dabei halfen uns etwas ältere Kinder und unsere Eltern. Denn die Spiele waren mit Geld verbunden. Es ist doch verständlich, dass eine Hochzeit mit Ausgaben verbunden ist, um die Hochzeitsgäste zu bewirten. Das Hochzeithaus war das Haus einer Freundin, die auch die Braut war. Zum Hochzeitshaus wurden die Gäste (Kinder) mit einem vierrädrigen Handwagen gebracht. Den Wagen haben zwei Jungs (als Pferde) gezogen, und auf dem Wagen saß der Kutscher (ein Junge) und ein Paar der Hochzeitsgäste. Nach einer kleiner Stärkung wurden die Gäste, mit dem schon erwähnten Wagen, in die „Kirche" gefahren, und am Ende das Brautpaar. Auf dem Hof eines Freundes war ein Altar aufgebaut, wo der Priester (ein Junge) das Brautpaar traute. Bei den Spielen war ich meisten der Bräutigam.

Bei den verschiedenen Zusammentreffen von Mädchen und Jungs war das Interesse beiderseits sehr groß, den Unterschied in unseren Höschen kennen zu lernen. Irgendwo in einem Versteck haben wir uns die Unterschiede angeguckt.

Bis zu den Schuljahren dachte ich mir immer etwas aus, um außer Haus zu kommen. Falls mir das nicht gelungen ist, lief ich einfach weg, wenn es dazu eine Gelegenheit gab. Die Schläge bzw. andere Strafen nahm ich in Kauf.

In meinen Kinderjahren waren die Kinder vorwiegend draußen – außerhalb des Elternhauses. Man hatte aber nicht gehört, dass die Kinder belästigt, missbraucht oder getötet wurden, wie das heute so oft vorkommt. Wir wurden von den Eltern, in der Schule und von den fremden Ortsbewohner bewacht und erzogen.

Meine Exzesse außer Haus führte ich alleine oder mit anderen Kindern. Wir besuchten verschiedene Ecken im und außerhalb des

Ortes – Ruinen, Steinbrüche, Teiche usw., aber auch fremde Gärten. Da beschwerten sich manche Leute über mich bei den Eltern, denn viele Ortsbewohner kannten mich aus dem Frisiersalon meines Vaters. Und so gab es danach auch Schläge vom Vater, oder mir wurde Stubenarrest verhängt. Die Schläge bekam ich meistens auf den Po – ohne oder mit Hose, und das mit der Hand, dem Ledergürtel oder dem Rohrstock. Wenn ich Schläge befürchtete, so steckte ich mir in die Hose am Po etwas Dickeres, um die Schläge zu dämmen. Bei den Schlägen habe ich sehr laut geschrieen, damit die Nachbarn hörten, dass der Vater mich schlägt. Und so sagten sie ihm auch: *„Schlage den Jungen nicht so oft und so stark."*

Heute wäre ich bestimmt bei den schwererziehbaren Kindern eingestuft und in einem Kinderheim untergebracht. Ob ich dort zu so einem Menschen erzogen worden wäre, wie ich heute bin? Bestimmt nicht.

Bis zu meinem siebten Jahr besuchte ich kein einziges Mal einen Arzt, und ich war auch nicht irgendwo alleine bzw. mit den Eltern zu einer Erholung. Mein Vater hatte den Frisiersalon von Montag bis Samstag am Vor- und Nachmittag geöffnet. Die Sonntagskunden wurden auch bedient. Dass wir nicht zur Erholung gefahren sind, lag wohl auch daran, dass dafür kein Geld da war. Und in der letzten Zeit zählte unsere Familie fünf Personen – die Eltern, Schwester Sofia (8), ich (7) und Bruder Stanislaw (2). Eine katholische Nonne aus dem örtlichen Kloster besuchte die Kranken in unserem Ort und verordnete Arzneien. Die Besuche waren kostenlos, und wenn ihr jemand einige Pfennige in die Hand drückte, so nahm sie diese gerne an.

Am weitesten von unseren Ort entfernt war ich in Chorzów Miasto (Königshütte), ca. 5 km, und Czeladź, ca. 4 km – eine Strecke. Dort wohnten die Schwestern meiner Mutter. Dahin und zurück sind wir immer zu Fuß gegangen.

Der Weg nach Königshütte führte meistens über verschiedene Feldwege. Erst ab Königshütte-Ost konnte man auf besseren Wegen gehen und ein Stück durch die Stadt. Zu einer Attraktion für uns Kinder war das Vorbeigehen am Gut „Antonienhof". Da konnte man sehr viele Kühe sehen und die Felder, die mit den vielen Pferden bearbeitet waren. Auch einen Traktor konnte man auf den Feldern sehen. Nach Königshütte konnte man von unserem Ort mit der Eisenbahn fahren, aber wir sind immer zu Fuß gegangen, vielleicht deswegen, weil die Bahn für die Eltern zu teuer war.

Nach Czeladź führte der Weg nur auf den Landstraßen und musste immer zu Fuß zurückgelegt werden, da von unserem Ort aus keine Verkehrverbindung dorthin vorhanden war. Zu einer Attraktion für uns Kinder wurde das Vorbeigehen an der „Fasanerie" in Bańgów (Baingow), einer Fasanenzucht in einem abgegrenzten Waldstück. Einige Fasanen überflogen den Zaun, und so konnte man die großen schönen Vöglein auf den Feldern beobachten. Eine weitere Attraktion waren in Czeladź die vielen mit lautem Geschrei um den Kirchenturm herumfliegenden Dohlen, die auch dort nisteten.

Ohne zu meckern freuten wir uns immer, nach Königshütte oder nach Czeladź zu gehen, um so einiges zu entdecken. Unterwegs war der kleine Bruder im Kinderwagen, oder der Vater trug ihn auf den Schultern.

Die Jahre von 1939 – 1945

Am 1. September 1939 sollte ich mit sieben Jahren in die polnische Grundschule eingeschult werden. An diesem Tag begann der 2. Weltkrieg. Der Ort Dąbrówka Wielka gehörte wieder zu Deutschland und bekam den alten deutschen Ortsnamen: Gross-Dombrowka. Unsere Straße bekam den Namen Adolf-Hitler-Straße und ich den Vornamen Heinrich-Andreas.

Anfang Oktober 1939 wurde ich in die deutsche Grundschule eingeschult, ausgerüstet mit einem Schulranzen, einer Schiefertafel mit Schwamm und Schieferstift. Da ich schon sieben Jahre alt war, kam ich gleich in die zweite Klasse, da in Deutschland die Einschulung der Kinder mit sechs Jahren war. Schreiben lernten wir mit der deutschen Sütterlinschrift und später mit der deutschen Normalschrift.

Manchen Schülern kam der Unterricht in deutscher Sprache sehr schwierig vor, da die Schüler den Lehrer nicht verstehen konnten. Die polnische Sprache war streng verboten. Den Lebenslauf von Adolf Hitler mussten wir auswendig können. Die deutschen Lehrer waren sehr streng, und wir wurden für verschiedene Vergehen auf die Hand oder auf den Po geschlagen, oder auch an den Ohren gezogen. Die Schläge, die ich in der Schule bekam, musste ich den Eltern verheimlichen, sonst bekam ich noch welche zu Hause. Zum Verprügeln der Schüler benutzten die Lehrer einen Rohrstock, wie der Vater meistens auch. Einige Male verbrannte ich den Rohrstock im Ofen, damit er keinen hatte, um mich zu schlagen. In der Zeit, als er den Rohrstock holen wollte, bin ich einige Male aus der Wohnung abgehauen. Als ich dann zurück kam, verprügelte er mich nicht, nur geschimpft hat er immer mit mir.

Mit meiner Einschulung bekam ich etwas mehr Freiheit, da ich während der Zeit in der Schule und gleich danach nicht unter der Aufsicht des Vaters war. Und so ging ich öfters nach der Schule nicht gleich nach Hause, sondern mit meinen Schulfreunden irgendwo hin, um mich etwas auszutoben. Als ich wieder nach Hause kam, schimpfte der Vater mit mir, schlug mich oder ich bekam nichts zu Essen. Das änderte mich nicht, dies nahm ich immer wieder und wieder in Kauf. Ich wusste, dass ich für die ungehorsamen Taten bestraft würde. Eine Strafe gehörte zur Erziehung der Kinder, und so war das für mich eine selbstverständliche Tat.

Ende des Jahres 1939 sind wir umgezogen. Unsere Einzimmerwohnung war ca. 46 m² groß mit dem Friseursalon im Erdgeschoss. Eingang in die Wohnung war von der Straße aus, aber durch den Friseursalon. Gekocht und geheizt wurde mit Kohle. Leitungswasser in der Wohnung, aber ohne Wasserabfluss. Schmutzwasser musste man in einem Eimer nach draußen tragen, und je nachdem, wie stark es verschmutzt war, wurde es auf die Straße oder auf den Misthaufen geschüttet. Toilette, Misthaufen, Schuppen für Kohle und Holz, sogar der Eingang zum Keller befanden sich im Hof des Anwesens. Um dorthin zu gelangen, musste man aus der Wohnung auf die Straße gehen, um das Haus herum, um so in den Hof zu kommen. Der Weg dorthin, z. B. beim Bedürfnis oder um das Exkret der kleinen Kinder zu entsorgen, war sehr beschwerlich und unangenehm. Denn mit dem vollen Nachttopf musste man den langen Weg nehmen, um den Inhalt des Nachtopfs in der Toilette im Hof zu entsorgen. Mit dem vollem Nachttopf bin ich öfter in die Toilette gelaufen, und dabei übergab ich mich einige Male.

Die ganze Familie urinierte in einen Eimer mit Schmutzwasser, was nach draußen getragen wurde, um auf dem Misthaufen ausgeschüttet zu werden.

Das Familien-Samstagsbad fand in einer größeren Badewanne im Zimmer statt, die nach dem Bad in den Keller getragen wurde. Zuerst wurde das kleinste Mitglied der Familie gebadet, und dann immer dem Alter nach weiter. Bei dem nächsten Badenden wurde nur etwas heißes Wasser zugegossen, das auf dem Ofen heiß gemacht und gehalten wurde. Das Badewasser wurde nach dem Bad aus der Wohnung in einem Eimer nach draußen getragen und auf die Straße oder in den Rinnstein ausgeschüttet.

Hausabfälle gab fast keine, alles Verbrennbare wurde im Kohleofen verbrand. Faulige Abfälle wurden auf den Misthaufen und die restlichen in der Aschegrube entsorgt. In der kleinen Wohnung lebten bis 1945 sechs Personen: die Eltern und vier Kinder (geb. 1931, 1932, 1936, 1941). Ich kann mich nicht erinnern, ob es uns in der kleinen Wohnung zu eng war. Die Eltern hatten die Kinder immer unter ihrer Aufsicht. Vielleicht gefiel mir die ununterbrochene Aufsicht und das enge Zusammensein nicht, und so versuchte ich immer, weg von Zuhause zu sein.

Die meisten Menschen in Groß-Dombrowka bzw. Dąbrówka Wielka wohnten damals in Ein- oder Zweizimmerwohnungen ohne Bad und Toilette in der Wohnung. Meistens mit Leitungswasser, aber ohne Abfluss der Wassers. Die Miete und der Raum zum Heizen waren dann entsprechend kleiner. Die Zweizimmerwohnung bestand aus einer größeren Küche, in der sich das Familienleben abspielte. In der Küche fand sich meistens ein Bett oder ein Chaiselongue zum Ausruhen. Im Schlafzimmer war ein Doppelbett, und davor befand sich ein runder Tisch mit zwei Stühlen, wo man auch Gäste empfang.

Meine Schwester Sofia und ich mussten den Eltern im Haushalt helfen. Sofia half der Mutter beim Kochen, Wäschewaschen, Bügeln usw. Ich musste aus dem Schuppen Kohle und Holz zum Feuermachen holen. Aus den Schuppen musste ich die Kohle in die Wohnung bringen, die Strecke betrug ~30 m. Ich trug die Kohle in einem Eimer, aber nur halbvoll, damit es leichter zu tragen war. Kohle und Holz mussten in der Wohnung immer vorrätig sein. Die Holzklötze, die ich klein hacken musste, brachte dem Vater die Kundschaft – Arbeiter, die im Bergbau gearbeitet haben.

Jeden Samstag musste ich der ganzen Familie die Schuhe putzen. Am Sonntag ging die ganze Familie in die Kirche, und so mussten die Schuhe schön schwarz glänzen.

Ab Juni 1940 konnte ich etwas mehr Freiheit genießen, denn mein Vater wurde zur Schutzpolizei einberufen. Zuerst war er in Beuthen O/S und später in auswärtigem Einsatz.

Der Hausbesitzer, bei dem wir wohnten, war ein Kleinbauer und Schweinehändler, vorwiegend verkaufte er Ferkel. Mit einer extra dazu angefertigte Pferdefuhre fuhr er mit seiner Frau mehrmals in der Woche auf die umliegenden Märkte. In den Ferien fuhr ich auch manchmal mit, meistens jedoch dann, wenn einer von den beiden nicht mitfahren konnte. Auf den Märkten musste ich das Pferd und die Verkaufsfuhre bewachen, wenn er bzw. sie sich von der Verkaufsfuhre entfernen mussten. Zu den Märkten fuhr ich gerne mit, da war ich weg von zu Hause, und zugleich war das für mich eine Erkundungsfahrt, und sie kauften mir auch immer etwas Gutes zu essen.

Im Februar 1941 hat sich unsere Familie vergrößert, unser Bruder Josef wurde geboren.

Foto: Taufe meines Bruders Josef – Februar 1941. Das Foto entstand auf der Eingangstreppe zum Friseursalon und zugleich der Wohnung. Stehend von links: die Taufpaten, meine Eltern. Kinder von links: unser Cousin Jan, meine Schwester Sofia (10), mein Bruder Stanislaw (5) und ich (9).

Ich ging auch öfters mit meinen Freunden zum Fischen. Meine schöne Angel durfte ich nicht mitnehmen. Wir machten uns eine Angel selber. Die Angel bestand aus einem langen Holzstock, einer Schnur, dem Schwimmer – Kork aus einer Flasche, und der Haken wurde aus einer Sicherheitsnadel gemacht. Auf den Haken wurde ein Regenwurm aufgespießt. Im Flachgewässern fischten wir auch mit einem Korb aus Weidenbaum. Der Korb wurde im Wasser zu zweit gezogen, ab und zu wurde nach Fischen hineingesehen. Die größeren gefangenen Fische nahmen wir in einem mit Wasser gefüllten Behälter nach Hause mit. Die wurden dann gebraten und aufgegessen. Ansonsten, wenn die Kinder in unser Wohngegend irgendwo etwas Schlechtes angerichtet haben, war ich meistens weiter dabei.

Mein ungezügeltes Leben bekam ein Ende. Die große Freiheit dauerte nicht lange, denn im Januar 1942 wurde mein Vater von der Schutzpolizei entlassen und war wieder zu Hause. Zu Hause ging er wieder seiner Tätigkeit im Friseursalon nach. Nun begann wieder die strenge Hand meines Vaters über mich zu herrschen. Er war wohl überzeugt, dass ich mit viel Liebe nicht aufwachsen könne. Und so bekam ich statt *„Liebe"* *„Hiebe"* – das Hilfsmittel zu meiner Entwicklung und zum Erwachsensein. Zur strengen Erziehung gehörte: den Eltern gehorsam sein, immer die Wahrheit sagen (nicht lügen), mit den Geschwistern im Einklang stehen, pünktlich sein, nicht hartnäckig sein (Dickkopf) usw. Eben für die Nichteinhaltung der „Hausvorschriften" wurde ich bestraft. Täglich müsste man zeitig am Tage aufstehen und ohne Eile in die Schule, Kirche usw. gehen.

Für die Hartnäckigkeit wurde ich sogar am Heiligabend vom Vater verprügelt, da ich beim traditionellen gegenseitigen Oblatebrechen nicht die Weihnachts- und Neujahrswünsche für den Anderen aussprechen wollte. Die Mutter hatte mich kurz zuvor vorbereitet, was ich sagen sollte, aber als es so weit war, sagte ich nichts, und so befanden sich für mich keine Geschenke unter dem Tannenbaum. Eigentlich war ich nicht traurig, denn das alles passte zu mir.

Am Fest der Drei Könige bin ich mit Kollegen einige Jahre verkleidet als „Drei Könige" von Haus zu Haus gegangen. In den Wohnungen der Häuser haben wir gesungen und den Leuten die Neujahrswünsche übermittelt. Bei den Besuchen erhielten wir Süßigkeiten, meisten aber Geld, das für uns bestimmt war. Heute heißen als „Drei Könige" verkleidete Kinder „Sternsinger", gehen auch von Haus zu Haus und sammeln Geld für arme Kinder in Deutschland und der Welt.

Eigentlich versuchte ich eine Zeit lang, ein besserer Junge zu sein, denn ich ging zum Religionsunterricht mit Vorbereitung zur I. Hl. Kommunion, und so musste ich ein braver Junge sein. Denn vieles von meinem schlechten Benehmen, die Sünden, musste ich bei der Ohrenbeichte dem Priester bekennen, auch, dass ich den Eltern nicht gehorsam gewesen war usw. So etwas zu bekennen war nicht so einfach, denn ich schämte mich sehr. Bevor ich in die Kirche beichten ging, musste ich mich vor den Eltern demütigen und versprechen, dass ich mich bessern würde. Und so musste ich auch bei der Beichte dem Priester versichern, dass ich mich bessern würde, und musste die mir auferlegte Buße tun. Der Religionsunterricht und die Beichte gehören auch zu den katholischen Kindererziehungsmethoden bzw. –normen. Nach zweijähriger Vorbereitung in der katholischen Kirche empfingen ich und meine Schwester Sofia im Mai 1942 die I. Hl Kommunion. Zu Hause gab es eine kleine Kommunionfeier.

Als Kommunionsgeschenk bekam ich ein paar Süßigkeiten und einen kleinen Gummiball. Am Nachmittag spielten wir draußen mit dem Ball, und irgendwie kam er auf das Dach des Hauses und blieb in der Dachrinne stecken, da weinte ich. Aber am nächsten Tag kam die Freude zurück. Der Vater besorgte eine Leiter und holte den Ball aus der Dachrinne. Nach der I. Hl. Kommunion war ich einige Jahre mit Pausen Ministrant. Mit Pausen, weil mir vieles in der Kirche nicht gefallen hat. Der Oberministrant und die Priester waren manchmal etwas zu streng zu uns – den Neulingen.

Und jeden Tag mussten wir vor 6:00 Uhr in der Kirche sein, egal ob man bei der hl. Messe ministrierte oder nicht. Die erste hl. Messe begann jeden Tag früh um 6:00 Uhr. Es war auch eine traurige Zeit in der Kirche, denn sehr oft wurden Trauermessen abgehalten für die im Krieg gefallenen Soldaten aus unserer Pfarrgemeinde. Während der Trauermesse wurde vor dem Altar eine Sarg-Attrappe aufgestellt, und dahinter befanden sich kniend und weinend die trauernden Hinterbliebenen – Eltern, Frauen, Kinder usw. Die Orgel in der Kirche spielte ein junger Mann. Er war ein lustiger Mensch, und wir Ministranten mochten ihn sehr. Wir waren sehr traurig, als er zur Wehrmacht eingezogen wurde, und fassungslos, als wir erfuhren, dass er im Krieg sein Leben verloren hatte. Bei der für ihn gehaltenen Todesmesse weinten wir Ministranten mit seinen Eltern und Geschwistern. Wir Ministranten machten auch viele Dummheiten, z. B. klauten wir bei Abwesenheit des Messners seine Pfeife mit Tabak und rauchten diese.

Foto: I. Hl. Kommunion, die Kommunikanten: Sofia (11) und ich (10) mit unseren Eltern und Brüdern: Mutter (31), Vater (39), Josef (1) und Stanislaw (5) – Mai, 1942

Auf dem Foto sehe ich nicht in den Fotoapparat, sondern zu Boden, weil ich nicht auf den Fotografen sehen wollte. Er machte komische Figuren, damit die Brüder ruhig saßen, ich aber musste dabei lachen, und der Vater hat mit mir geschimpft.

Mein Vater war eigentlich kein Raucher. Er rauchte schon ab und zu eine Zigarette, z. B. beim Schachspielen, aber nur dann, wenn der Gegenspieler ihm eine angeboten hatte. Im Friseursalon rauchte die Kundschaft, da sammelte ich auch mal die Zigarettenstummel, machte mit Freunden Zigaretten daraus und rauchte diese irgendwo im Versteck.

Einmal an einem dunklen Abend standen wir um die Ecke eines Hauses und rauchten die selbst gemachten Zigaretten. Dabei erwischten uns zwei Polizisten („Schupo" – Schutzpolizei). Die nahmen unsere Personalien auf, und wir mussten uns am nächsten Tag bei der Polizei melden. Natürlich erzählten wir unseren Eltern nichts davon. Mein Freund sagte seinen Eltern, dass er zu mir gehe, und ich sagte, dass ich zu ihm ginge. Als wir uns am nächsten Tag bei der Polizei meldeten, waren sie sehr freundlich zu uns, aber als Strafe mussten wir ihre Fahrräder sauber putzen. Damals war es so, dass am Tage immer ein Polizist die Hauptstraßen in unserem Ort kontrollierte, und wenn es dunkel war, gingen sie zu zweit. So sorgten sie für Ordnung im Ort.

Rauchen? Mit Rauchen hörte ich erst auf, als ich 50 Jahre alt war.

Öfters nach dem Schulunterricht bin ich nicht gleich nach Hause gegangen. Die Strafe nahm ich weiter in Kauf und ging einfach mit meinen Schulfreunden irgendwohin, um mich etwas auszutoben. Wir spielten auch Fußball, vorwiegend barfuss, mit einem Gummiball, aber meistens mit einem Stoffball – ausgestopfter Strumpf, der zur Kugel formiert wurde. Barfuss liefen die Kinder fast den ganzen Sommer hindurch, manche auch in die Schule. Die Schuhe wurden so lange repariert, besohlt und geflickt, bis sie von selbst auseinander gingen. In unserem Ort gab es drei Schuhmacherwerkstätten, welche die Schuhe reparierten, und sie hatten sehr viel zu tun. Wir veranstalteten auch Rennen, und das ausgerüstet mit Fahrradfelgen, die man mit einem Stock oder einer Vorrichtung aus Draht ins Rollen brachte. Im Sommer spielten wir auch mit Murmelkugeln, Verstecken und viele andere Spiele. Wir unternahmen ebenfalls verschiedene Erkundungen in der Umgebung.

Im Winter durfte ich nicht Schlittschuh laufen, da diese die Schuhe kaputt machten. Statt Schlittschuhen benutzte ich Clogs. Das Oberteil war aus Leder, die Sohle aus Holz ohne Absatz. Auf die Holzsohle wurden in der Länge der Sohle zwei Drähte hineingeschlagen. Die Drähte waren dann die Kufen, und damit konnte man auf vereisten Flächen gut schlittern. Wir wohnten in der Nähe eines stillgelegtes Steinbruchs, der uns auch als Spielplatz diente. Im Sommer spielten wir dort Versteckspiele, vorwiegend aber Kriegspiele. Die Gewehre waren aus einem Brett ausgeschnitten. Der Feuerstoß wurde mit dem Mund emittiert. Im Winter fuhren wir dort Schlitten und Skier, manchmal bis in die Dunkelheit hinein. Die Skier waren meistens aus zwei Fassdauben. Die Spitze der Skier war zu einer Spitze ausgeschnitten und entsprechend hoch gebogen. Als Skibindung diente ein ovaler Streifen aus einem Gummiband eines Gurtförderers, der seitlich an die Ski (Fassdaube) angenagelt wurde. Die Schuhe wurden dann einfach in die ovalen Gummibänder hineingeschoben.

Als die vielen Erziehungsmethoden meines Vaters wie Schimpfen mit mir, Stubenarrest, Stehen in der Zimmerecke, nichts zum Essen bekommen, sitzend am Fußboden zum Bett angebunden sein, zwei Mal wurde ich im Keller eingesperrt, und die vielen, vielen Schläge nicht halfen, beschloss der Vater wie folgt: Ich wurde von der Schule abgeholt. Zuhause musste ich die Schulaufgaben machen, und danach bekam ich zu meinen Arbeiten im Haushalt zusätzliche Aufgaben im Friseursalon – da war ich noch keine zehn Jahre alt. Im Friseursalon wurde ich wie ein Lehrling betrachtet. Die am Boden liegenden, abgeschnittenen Haare musste ich zusammenfegen und entsorgen. Das machte ich schon seit vielen Jahren. Ich wurde geschult, wie man mit Pinsel und Rasierseife die Bärte der Männer vor dem Rasieren einseift. Die Haarschneidemaschine musste ich auf dem Tisch bewegen und führen, damit ich sie beim Haarschnitt ruhig am Kopf führen konnte. Der Vater zeigte mir auch, wie man den Frisierumhang vor dem Rasieren und dem Haarschneiden am Kundenkörper anlegen solle. Dann bekam ich die praktische Übung am Kopf und Bart des Vaters und später an der Kundschaft. Anfangs seifte ich die Bärte der Kundschaft ein und schnitt den Kindern zu einer bestimmten Höhe die Haare (Topfschnitt). Danach rasierte der Vater den Männern die Bärte oder machte den Kinderhaarschnitt zu Ende.

In der Kriegszeit (1939-1945) hatte mein Vater im Friseursalon sehr viel zu tun, da die Leute mehr Geld hatten, und so besuchten sie öfters den Friseursalon. Die Mutter hat mir einen weißen Friseurkittel genäht, in dem ich der Kundschaft gut gefiel. Apropos nähen. Meine Mutter hatte eine Nähmaschine, und sie nähte und strickte für uns Kinder vieles alleine. Wie sie die viele Arbeit ohne sich zu beschweren verkraften konnte, Haushalt, Friseursalon, dazu die vier Kinder zu versorgen usw., das frage ich mich noch heute.

Als ich neun Jahren alt war (1941), fuhr ich mit meiner Mutter mit dem Zug nach Welungen, Gouvernement (poln. Wieluń). Von dort sind wir mit dem Pferdewagen nach Neutusch, (poln. Nietuszyna) gefahren. In Neutusch wohnte meine Urgroßmutter (Großmutter meiner Mutter): Sie war 89 Jahre alt und betrieb eine kleine Bauernwirtschaft. Ihr Mädchenname war Schubert, und sie gehörte der evangelischen Kirche an – also mit deutschen Wurzeln. Seit dem ersten Besuch bei ihr bis zum Jahr 1944 war ich öfters in den Schulferien bei ihr. Sie mochte mich und ich war gerne bei ihr, obwohl sie mich einmal verprügelt hatte. Damals bin ich ihr abgehauen, anstatt ihr zu helfen, von der Kartoffelmiete Kartoffeln in den Stall zu tragen. Sie erzählte mir viel über ein Gut mit einer Wassermühle im Ort Gola (Gohle), das ihre Großeltern Fuhrmann im Jahr 1832 gekauft haben. Der Ort Gola lag in Polen an der Grenze zum preußischen Schlesien. Das Anwesen bewirtschafteten sie bis September 1853, zuletzt auch mit ihrer Eltern Schubert, von wo sie durch russische Zarenbesatzer vertrieben wurden.

Meine Schwester Sofia war nur ein Mal bei der Urgroßmutter, und das zweite Mal wollte sie nicht mehr dorthin. Denn in jener Nacht wurde sie von den Flöhen blutig gestochen. Ich hatte mit den Vie-

chern keine Probleme, ich wurde selten gestochen. Die Urgroßmutter sagte, dass die Flöhe gute Menschen nicht stächen. Da
freute ich mich sehr, dass die Flöhe mich zu den guten Menschen
eingestuft hatten.

Bis 1944 bin ich öfters mit meinem Vater, meistens jedoch mit
meiner Tante Helena nach Neutusch gefahren, nämlich zum Wa-
renaustausch (Schmuggel). Von Zuhause nahmen wir mit: Arznei,
Gewürze, Kerzen, Zigaretten, Zigarettenpapier, Watte usw. – Ware, die es im Gouvernement begrenzt oder überhaupt nicht gab.
Dafür erhielten wir: Geflügel, Eier, Butter, Quark, Leinöl usw. –
Ware, die es in Oberschlesien begrenzt oder überhaupt nicht gab.
Die Schmuggelei war auch gefährlich, da es zwischen Oberschlesien und dem Gouvernement einen Grenzkontrollpunkt gab, der
durch Soldaten bewacht war. In den Zügen wurden die Personalien der Fahrgäste kontrolliert und nach Schmuggelware geguckt.

Die Soldaten konnte man aber auch mit etwas Ware bestechen,
und so konnte man die Ware nach Hause bringen. Bei den ganz
strengen Kontrollen bekannte sich keiner zu der sich im Abteil
befindlichen Ware. Die Ware wurde dann beschlagnahmt, aber so
wurde der Schmuggler nicht ermittelt und konnte ohne Bestrafung
weiter fahren. Ich wurde immer mitgenommen, um die Ware zu
schleppen und zu bewachen, wenn z. B. die Tante, aus welchem
Grund auch immer, sich entfernen musste. Die Schmuggel-
Eskapaden sind uns immer gelungen. Als ich einmal mit der Tante
nach Welungen mit dem Zug fuhr, da durfte ich die Fensterscheibe des Abteils nicht herunter lassen. Da ging ich in die Toilette
und habe mich von innen eingesperrt und die Fensterscheibe he-
runtergelassen, und so konnte besser in frischer Luft nach draußen
sehen. Die Tante bat mich, die Fensterscheibe wieder hochzuzie-
hen und aus der Toilette herauskommen – ohne Erfolg. Nun rief
die Tante den Zugbegleiter zur Hilfe. Der öffnete die Toilettentür
von außen, und so wurde ich aus der Toilette herausgeholt. Die
Tante hat mich für diese Tat ganz schön verprügelt.

Mit Schmuggel hatte sich auch mein Onkel aus Königshütte beschäftigt, nämlich von Oberschlesien (Groß-Dombrowka) in das Gouvernement (Czeladź) und umgekehrt. Die Grenzlinie war der Fluss „Brinitza" bei Przelaika. Mir ist nur bekannt, dass wir dorthin die Tabakware und zurück Spiritus geschmuggelt hatten. Geschmuggelt wurde immer in der Dunkelheit, und ich war immer dabei. Den Weg nach Przelaika, ca. 3 km, und den Fluss „Brinitza" kannte ich schon aus der Zeit, als ich mit Herrn Październiok zum Fischen gegangen bin. Wir sind immer ganz langsam und leise an die Grenze herangekommen und dann stehen geblieben. Ich bewachte die Schmuggelware, und der Onkel ging vorsichtig an den Fluss heran, um auszuspionieren, ob oder wo sich die Grenzsoldaten befänden.

War die Strecke frei, so kam der Onkel zu mir zurück, wir nahmen die Schmuggelware und gingen durch das flache Wasser des Flusses langsam und leise in das Gouvernementgebiet. Auf dem Gouvernementgebiet erwartete uns eine Person, mit der wir die Schmuggelware austauschten, und dann gingen wir gleich vorsichtig den gleichen Weg zurück. Meine Aufgabe war, die Ware zu schleppen und zu bewachen, wenn der Onkel sich entfernte, und im Falle, dass der Onkel beim Ausspionieren der Grenzsoldaten erwischt werden würde, sollte ich mit der Schmuggelware zurück nach Hause kehren. Er wäre dann nur für unerlaubtes Grenzüberschreiten bestraft worden, aber nicht mit der harten Strafe für Schmuggel. Die Schmuggel-Eskapaden sind uns immer gelungen. Angst hatte ich dabei nicht, ich war sogar Stolz darauf, dass ich bei solchen Eskapaden dabei sein konnte. Eigentlich hatte ich nie Angst, auch wenn mir die Schläge vom Vater bevorstanden. Angst und Langeweile habe ich bis heute nie.

Mein Vater besaß eine Geige und spielte auf ihr, ebenso Mandoline und Xylophon. Die Geige und die Mandoline zu spielen wollte er mir beibringen, jedoch ohne Erfolg. Bei den Spiel-Lehrversuchen Geige oder Mandoline schmerzten mir die Fingerspitzen. Xylophon konnte ich etwas spielen, wie: *„Hänschen klein ging allein ..."*, zudem einige Weihnachtslieder. Ich wollte aber Akkordeon spielen lernen. Nun bekam ich auch ein Akkordeon mit zwölf Basstönen. Der Vater war der Meinung, wenn ich größer würde und spielerisch Fortschritte machte, dann bekäme ich ein größeres Akkordeon. Ich besuchte einen Musiklehrer für Akkordeon und konnte einigermaßen gut spielen. Die Eltern beschäftigten uns Kinder auch mit verschiedenen Spielen wie: Karten – „Schwarzer Peter", Spiele – „Mensch ärgere dich nicht", „Mühle", „Dame". Wir spielten mit dem Vater auch Schach. Er selber spielte viel Schach – im Schachklub und zu Hause. Er wurde bis zu seinem Tod jedes Jahr der „Schachmeister" unseres Ortes – ausgenommen die Kriegsjahre. Manchmal las uns der Vater etwas vor – Märchen, aber auch über das Leben der Heiligen. Er war ein strenger Katholik, ein begabter und vielseitig orientierter Mensch, konnte schöne Bilder in Aquarell oder mit Bleistift malen. Mit der strengen Erziehung wollte er mich wohl auch zu so einem Menschen erziehen, wie er selber war.

Das immer zu Hause sein, und noch dazu unter der Aufsicht des Vaters, gefiel mir nicht. Das Holz zum Feueranmachen in der Küche fehlte mir stets, und so kam ich auf eine Idee. Ich sollte nämlich eine nahe liegende Abfallhalde der Kohlengrube „Andalusien" in Birkenhain besuchen. Die Abfallhalde nenne ich einfach nur „Halde". Auf der wurden laufend verschiedene Abfälle der Kohlengrube ausgeschüttet. Nun wollte ich dort hingehen, um Holz einzusammeln. Die Halde lag ca. 3 km von zu Hause entfernt. Mit meinem Vorschlag war der Vater nicht einverstanden, da er Angst hatte, dass mir dort etwas Schlimmes passieren könnte. Denn die Halde war ca. 15 m hoch, und der Abhang der Halde hatte eine gefährliche Neigung und rutschte immer nach unten. Die Halde bestand aus kleinen und großen Steinen, einigen Stücken Kohle, Holz und verschiedenen anderen Abfällen. Die Leute sammelten auf dem Abhang der Halde vorwiegend Kohle und Holz, aber auch Eisen und Gummiteile, die aus den Förderbändern stammten. Kohle und Holz waren zum Verbrennen, Eisen konnte man verkaufen, und die Gummiteile verwendete man zum Besohlen der Schuhe und für viele andere Zwecke. Am Ende war mein Vater mit meiner Idee einverstanden, jedoch unter der Voraussetzung, dass ich nicht auf den Abhang der Halde klettern werde. Eines Tages ausgerüstet mit einem kleinen Rucksack und großer Freude machte ich mich auf den Weg dorthin.

Eine Dampflok brachte die Abfälle in Loren auf die Halde. Die Leute mit Säcken in der Hand standen an der Hügelwand seitlich von den Loren und warteten auf die Leerung. Nachdem der Inhalt der Lore ausgeschüttet wurde, stürzten sich die Leute wie die Geier auf die ausgeschütteten Abfälle, meistens, um die Kohlestücke herauszufischen. Mit der linken Hand hielten sie die Säcke und in der rechten Hand einen Maurerhammer. In den Sack wurde das brauchbare Material gesammelt, und mit dem Hammer wurde in den aufgeschütteten Abfällen gewühlt und die durchwachsenen Kohlenstücke vom Stein getrennt. Die Leute sammelten Kohle, Holz usw. für sich selber oder um es zu verkaufen.

Mein Versprechen, dass ich nicht nach oben an der Hügelwand klettern würde, hielt ich nicht. Denn ich kletterte ganz nach oben. Als der erste Zug mit den Abfällen ankam, da befand ich mich oben auf der Halde und sah mir die Abläufe an. Auf einmal sprach mich ein Mann an und sagte zu mir: „*Heinrich, was machst du hier?*" Ich guckte mir den Mann an und sah, dass das ein Kunde meines Vaters war. Ich sagte ihm, dass ich Holz sammeln möchte, um zu Hause damit Feuer im Ofen anzumachen. Der Mann war eben der Lokführer des Zuges. Ich freute mich darüber, dass ich hier einen bekannten Menschen getroffen habe. Er sagte dann zu mir: „*Der nächste Zug kommt ca. in 45 Minuten, bitte warte hier oben bis dahin, und ich bringe dir schöne Holzklötze.*" Ich wartete, und er brachte mir zwei schöne, astreine Klötze, und dazu bekam ich etwas Kohle. Dann sagte er: „*Komm wieder in zwei Wochen hierher, dann habe ich nämlich wieder Spätschicht, da besorge ich dir wieder einige Klötze.*"

Die Spätschicht dauerte von 14:00 Uhr bis 22:00 Uhr. Himmlisch froh, dass mir die Exkursion so gut gelungen war, kam ich mit einem vollen Rucksack Kohle und zwei Klötzen unter den Armen zu Hause an. Vater und Mutter freuten sich, dass sie so einen tüchtigen Sohn hatten. Ich sah, dass mein Vater zum ersten Mal mit mir zufrieden war. Und ich strahlte vor Stolz, denn ich war zum ersten Mal für etwas gut. Voller Stolz wollte ich unbedingt die Halde der Kohlengrube in zwei Wochen wieder besuchen.

Der Weg von der Halde zu Fuß, und dazu beladen, war für mich sehr anstrengend. Da kam ich auf die Idee, dass mir ein Fahrrad helfen könnte. Und so kaufte mir der Vater in einer Fahrradreparaturwerkstatt ein ganz altes Herrenfahrrad. Zu dieser Zeit war ich zehn Jahre alt und konnte ein Herrenfahrrad fahren, so unter dem oberen Rahmenrohr. Und wenn der Weg den Berg hinunter ging, so konnte ich sitzend auf dem oberen Rahmenrohr das Fahrrad fahren.

Zwei Wochen später begab ich mich mit dem Fahrrad zu der Halde. Und kam mit zwei kleinen Säcken voller Kohle und Holz nach Hause zurück. Ein Sack lag unter dem oberen Rahmenrohr auf dem Kettenrad, und der zweiten Sack lag teilweise auf dem Lenker und dem oberen Rahmenrohr. Natürlich, dass ich das Fahrrad die ganze Strecke nach Hause schieben musste. Seit der Zeit besuchte ich die Halde öfters – im Sommer. Im Winter besuchte ich die Halde der „Maxgrube" in Michalkowitz, da die Wege zur „Andalusiengrube" immer sehr stark verweht waren. Im Winter transportierte ich die Säcke auf einem Schlitten, was nicht leicht war, wenn viel Schnee lag. Aber mit dem Besuch der Halden verschaffte ich mir ab und zu etwas Freiheit, und die Eltern bekamen dafür Kohle und Holz.

Im August 1942 bekamen wir Besuch aus Chemnitz, Sachsen. Der Bruder meines Vaters Johann besuchte uns mit seiner Frau und dem Sohn Martin. Viele abgetragene Klamotten, die ich zum Anziehen hatte, stammten von Martin. Wie auf dem Foto „Ich mit Tadeusz" zu sehen ist, ist meine Kleidung etwas zu eng, und die

von Tadeusz etwas zu groß. Gekaufte Kleidung und Schuhe wurden immer größer gekauft, damit man diese nicht so oft kaufen musste.

Foto: Von links: ich (10), Bruder Stanislaw (6), Schwester Sofia (11) mit unserem Bruder Josef (1½) und unser Cousin Martin Makiela (14) aus Chemnitz – 1942. Wir stehen auf einem Sprungsteg des Gewässers, das ich schon erwähnte.

Manchmal bin ich mit der Bahn nach Königshütte, O/S gefahren, um dort ins Kino zu gehen. In den Warenhäusern standen Apparate für Schnellfotos, und so ließ ich mich auch einmal fotografieren – siehe vorderer Deckel des Buches. Ich besuchte ebenfalls immer den Zooladen und bewunderte die schönen Vögel und Fische.

Die Trinkgelder, die ich von der Kundschaft im Friseursalon erhalten hatte, konnte ich behalten und für meine Privatzwecke verwenden. In dem Zooladen in Königshütte kaufte ich mir einmal einen schönen Wellensittich und einen Käfig, der im Zimmer an der Wand aufgehängt wurde. Der Wellensittich machte viel Krach und Staub. Das gefiel der Mutter nicht, und eines Tages war der Vogel weg, angeblich ist er aus dem Zimmer geflogen. Ich weinte sehr und suchte ihn im Ort – ohne Erfolg. Ich nehme an, dass die Mutter ihn wegfliegen ließ oder ihn weggegeben hatte. Dann kaufte ich mir ein Aquarium, Wasserpflanzen, Schnecken und Guppy-Fische. Die Guppys waren einfach zu halten und haben mir gut gefallen.

Im Juli 1943 besuchte uns mein Cousin Tadeusz, Sohn der Schwester meiner Mutter. Er wohnte in Welungen (Wieluń), wo ich auch einmal zu Besuch war.

Foto: Ich mit Tadeusz – ich (11) und Tadeusz (10) im Freischwimmbad in Birkenhain – Juli, 1943. Tadeusz verunglückte tödlich im Jahr 1945 beim Zerlegen einer gefundenen Panzerfaust.

Die Fische im Aquarium fütterte ich mit Wasserflöhen. Ausgerüstet mit einer Fangvorrichtung aus einem alten Damenstrumpf fing ich diese in einem Teich. Das war ein Ekelteich, der am Rande des Ortes lag. In dem Teich konnte man ertrunkene Hunde und Katzen sehen. Damals war das so: wenn jemand einen Hund oder eine Katze nicht halten wollte, so wurden diese in einen Sack gesteckt, mit einem Stein belastet und in dem Teich ertränkt. In dem Teich waren auch Fische, die aber vor Ekel keiner fangen und essen wollte. Für das Winterfutter trocknete ich die Wasserflöhe.

Im September 1943 wurde mein Vater zur Wehrmacht einberufen, und so bekam ich wieder etwas mehr Freiheit. Die Mutter war nicht so streng und verprügelte mich selten, denn sie brauchte mich, um ihr zu helfen. Ich fuhr weiter zur Halde, um Holz und Kohle zu sammeln, auch an den Tagen, an denen mein Bekannter nicht auf der Halde war. Im Alter von 11 Jahren stand ich wie die anderen an der Haldenwand seitlich von den Loren und wartete auf die Leerung. In der linken Hand hielt ich den Sack und in der rechten Hand den Maurerhammer. Um eine größere Menge an Holz und Kohle nach Hause zu bringen, baute ich mir eine Karre mit zwei Rädern und Deichsel. Die leere Karre schob ich meistens vor mir her, und beladen nach Hause zog ich sie wie im Gespann mit Zuggurt an der Schulter.

Als der Vater in die Wehrmacht einberufen wurde, war ich 11 Jahre alt und musste der Mutter viel im Haushalt helfen. In der Abwesenheit meines Vaters ging es uns, der Mutter mit den vier Kindern, finanziell sehr schlecht. Meine Mutter ging im Herbst auf die Felder der Bauern zur Kartoffelernte, wo ich ihr manchmal zur Hilfe stand – sammelte die Kartoffeln in ihren Korb ein. Auf dem Feld bekam jede der Frauen ein Frühstückspaket und für die Arbeit einen vollen Korb Kartoffeln für zu Hause. Auf das Frühstück freute ich mich sehr. Vom Feld konnte sie auch ein Paar schöne große Kartoffeln für die Kartoffelpuffer mitnehmen.

Ich erwähnte schon, dass ich mit meinem Freund Bernhard Ziegen weiden ging. Und in der Schulzeit ging ich ab und zu mit meinem Schulfreund Johann eine Kuh weiden. Das erfuhr ein Kunde vom Vater und frage einmal meinen Vater, ob ich eventuell seine Kuh weiden könnte. Ich war damit einverstanden, und die Eltern stimmten auch zu. Da freute ich mich riesig. Der Kleinbauer stammte aus einem großen Bauernhof, war Schichtarbeiter in einer Erzgrube, verheiratet, kinderlos und hatte eine kleine Bauernwirtschaft. Die Kuh sollte mindestens fünf Tage in der Woche von Juni bis Ende September geweidet werden. Als Bezahlung sollte ich dafür im Herbst 10 Zentner Kartoffeln, außerdem täglich Mittag- und Abendessen bekommen. Die Kuh sollte während des Weges zum Weideplatz und zurück am Strick geführt und so auch geweidet werden. Der Strick war an den Hörner festgebunden. Und so weidete ich mit elf und zwölf Jahren in den Sommerjahren 1943 und 1944 die Kuh.

Die Weideplätze waren an den Feldwegen und Ackergrenzen seiner Felder. Damals war das normal, dass die Bauernkinder ihre Kühe weideten. Der Bauer besaß ein kleines Haus mit vier Räumen. In einem Raum war die Arbeitsküche, in die man von der Diele oder vom Stall hineingehen konnte. Gleich nach der Schule ging ich zu dem Bauer und machte die Schulaufgaben. Wenn der Bauer Frühschicht hatte, servierte die Bäuerin das Mittagessen um 14:00 Uhr und bei Spätschicht um 12:00 Uhr. Wenn der Bauer Spätschicht hatte, war die Bäuerin nicht mehr zu Hause, als ich zu ihnen gekommen bin. In der Zeit war sie immer bei ihren Eltern, die auch Bauern waren. Das Mittagessen hatte ich in den Töpfen auf dem Ofen in der Arbeitsküche stehen. In die Arbeitsküche konnte ich vom Stall aus hineingehen, da die Tür nicht abgeschlossen war. Im Hochsommer ging ich erst gegen 17:00 Uhr die Kuh weiden. So hatte ich am Nachmittag auch etwas Zeit, mit Freunden Fußball zu spielen oder zum Freischwimmbad nach Birkenhain gehen.

Es war eigentlich eine schöne Zeit, die Kuh auf die Weide zu führen und sie zu weiden. Ich weidete sie an oder unweit einer Eisenbahnstrecke. Da ich keine Uhr hatte, erkannte ich immer die Uhrzeit an den vorbeifahrenden Personenzügen. Wenn ein Zug vorbei fuhr oder vor dem Hauptsignal zum Stehen kam, bat ich den Dampflokführer um ein Stück Kohle. Da machte ich mit den Händen ein rundes Zeichen, und der Lokführer wusste schon, worum es ging. Manchmal schmiss er mir einen großen Kohlebrocken in den Graben, den ich nicht nach Hause schleppen konnte. So einen Brocken versteckte ich und holte ihn erst am Abend mit der Karre. Während die Kuh weidete, erfreute ich mich an den schönen Anblicken der Natur. Ich habe viele Pflanzen- und Vogelarten kennergelernt. Ich konnte die Vogelarten nach ihrem Singen bzw. Zwitschern erkennen, und von einigen wusste ich, wo sie ihre Nester hatten. Im Herbst gab es mehr Weideplätze, denn auf den Wiesen nach der Heuernte und auf den Stoppelfeldern nach der Getreideernte konnte man weiden. So brauchte man beim Weiden die Kuh nicht am Strick halten bzw. führen. Während des Frei-laufweidens war der Strick weiter an den Hörnern festgebunden und von der Kuh gezogen, damit ich sie jederzeit fangen konnte.

In der Zeit, in der die Kuh auf den Weideplätzen herumlief, mach-te ich Kartoffelfeuer. Selten weidete ich die Kuh mit anderen Kü-hen zusammen, denn da gab es immer Kämpfe zwischen meiner Kuh und den anderen um die Herrschaft. Von der Weide ging die Kuh meistens alleine nach Hause. Den Strick habe ich ihr um die Hörner gewickelt, und ich ging hinterher. Als ich mit der Kuh wieder zurück war, gab es Abendessen. Nach dem erfüllten Tag ging ich zufrieden mit meiner Schultasche nach Hause, um am nächsten Tag wieder neu zu beginnen. Das ging so bis Ende Sep-tember 1944. Ich fuhr auch weiter auf die Halde, um Kohle und Holz zu sammeln, und half der Mutter viel, da der Vater nicht da war.

Im September 1944 wurde mein Vater aus der Wehrmacht als Kriegsinvalide entlassen und bekam eine Invalidenkriegsrente. Er eröffnete wieder den Friseursalon. Nach den erledigten Schulauf-gaben musste ich im Friseursalon weiter helfen, und so durfte ich nicht mehr mit Freunden herumlaufen. Ich hätte mir wohl damals gewünscht, er wäre noch bei der Wehrmacht geblieben. Von der Mutter wusste er wohl, dass ich in der Zeit, in der er im Krieg war, der Mutter viel geholfen hatte, und so war sein Verhältnis zu mir etwas freundlicher, vielleicht auch deswegen, weil er gesundheitlich stark angeschlagen war.

Bei meiner Urgroßmutter in Neutusch war ich das letzte Mal mit meinem Vater im Dezember 1944. Er wollte für die kommenden Weihnachtstage etwas Ware nach Hause bringen. Wir hatten da-mals viel Glück, dass wir unter besonderen Umständen noch gut zu Hause ankommen sind. Denn vom Bahnhof in Welungen ging kein Personenzug mehr ab, da die Front schon ganz nahe war. Die Urgroßmutter verstarb 1946 im Alter von 94 Jahren.

In der Kriegszeit hatten wir Kinder etwas Freude, immer dann, wenn während des Unterrichts die Sirenen Fliegeralarm gaben. Da in unserer Schule kein Schutzbunker war, mussten wir nach Hause rennen, um uns dort im Luftschutzkeller zu verstecken, der sich in jedem Haus befand. Nach der Entwarnung gingen wir nicht in die Schule zurück, und deswegen freuten sich die Kinder. Manchmal hörten wir die überfliegenden feindlichen Flieger und zugleich die Schüsse der deutschen Fliegerabwehrkanonen. Zum Schutz der Industrie waren in Oberschlesien sehr viele Fliegerabwehrkanonen aufgestellt. Und in der Nacht befanden sich am Himmel viele Abwehrluftballons gegen feindliche Flugzeuge. Auf den Feldern fanden die Kinder auch Silberflugstreifen, welche die feindlichen Flugzeuge abgeworfen hatten, um den Funk der deutschen Fliegerabwehr zu stören. Ich las einmal ein Flugblatt, das jemand gefunden haben sollte und das ein feindliches Flugzeug abgeworfen haben sollte, mit folgendem Text: *„Heydebreck du kleiner Dreck, wenn wir noch einmal kommen, wirst du im Sand versteckt."* Heydebreck, eine deutsche Stadt in Oberschlesien (heute Kędzierzyn), war bombardiert worden, weil dort Kriegwaffen hergestellt wurden.

In dem Haus, wo wir wohnten, war ein Kellerraum zum Schutzbunker umgebaut, in dem die Kellerdecke mit Stützbalken abgestützt war. Der Raum war mit einer eisernen Eingangstür versehen. Es gab auch örtliche Probe-Fliegeralarme, da rannten wir auch von der Schule nach Hause. Die Straßen waren dann leer von Menschen, alle saßen im Luftschutzkeller, denn die Polizei überwachte diese Maßnahme. Im Luftschutzkeller saßen wir ernst gesinnt und ängstlich in der Zeit, in der die Frontlinie in Gross-Dombrowka war. Nach der Frontlinie außerhalb des Ortes hat man das Ausmaß der Kämpfe um unseren Ort gesehen. Viele Häuser und der Kirchturm waren beschädigt. Mein Schulfreund und sein Vater waren von einer Fliegerbombe getötet worden, die auf ihr Haus gefallen war. Wir Ministranten haben in der Leichenhalle die vielen Toten – deutsche und russische Soldaten – gesehen, die in den Kämpfen um unseren Ort gefallen waren. Die Toten wurden dann auf unserem Friedhof beigesetzt. Die russischen Soldaten wurden später ausgegraben und in einen Zentralfriedhof für russische Soldaten verlegt. Während des Krieges wurden in unserem Ort einige zum Tode verurteilte Häftlinge öffentlich erhängt. Wir Kinder waren in der Zeit in der Schule untergebracht, aber vor und nach der Vollsteckung haben wir uns die Galgen angesehen und viel über diese Tat gesprochen, um zu erfahren, wie so eine Vollstreckung abläuft.

Eine strenge Erziehung bekam ich nicht nur im Elternhaus, außerhalb auch: in der Schule und in Jugendorganisationen wie dem „DJ" – Deutsches Jungvolk und später der „HJ" – Hitlerjugend. Die Führer der Jugendorganisationen gingen mit uns sehr streng um. Zu den Treffen kamen wir in Uniformen, und sie verliefen disziplinarisch. Dabei lernten wir Bürgerdisziplin und das Bereitsein, Deutschland zu verteidigen. Wir hatten sogar Nachtübungen. Zu den Treffen ging ich immer sehr gerne. Das alles, die emotionalen Erlebnisse verbunden mit dem Krieg und die strenge Erziehung, sahen die Kinder so an, als ob das so sein musste. Heute hört man sehr oft, dass die Kinder nach ähnlichen Erlebnissen traumatisiert sind und ärztlich behandelt werden müssen. Ich kann nur sagen, dass ich durch die emotionalen Erlebnisse bis zum Kriegsende und danach nicht traumatisiert war, und so habe ich auch keinen Arzt besuchen müssen. Mir ist auch nicht bekannt, dass ein Kind in unserem Ort traumatisiert wäre. Das Wort „Trauma" war damals den Menschen unbekannt.

Meine emotionalen Erlebnisse mit der harten Disziplin und Schlägen, die ich bis dahin erlebte bzw. bekam, haben mich nur so abgehärtet, dass ich im Leben viele emotionale Erlebnisse und Niederlagen leichter überwinden konnte.

Die Jahre von 1945 – 1947

Im Januar 1945 kamen die Russen nach Groß-Dombrowka O/S, und einige Monate später war der 2. Weltkrieg zu Ende. Nach kurzer Zeit hat sich die polnische, kommunistische Behörde gebildet und den Ort verwaltet. Groß-Dombrowka gehörte wieder zu Polen und bekam den alten polnischen Namen: Dąbrówka Wielka. Alle Straßennamen wurden auf polnische Namen umbenannt, und unsere Adolf-Hitler-Straße bekam den Namen: ul. T. Kościuszki.

Als 12-jähriger Junge konnte ich vieles in der polnischen Staatsordnung nicht begreifen. Die polnische Sprache war zugleich Pflicht und die deutsche Sprache verboten. Meine Vornamen Heinrich-Andreas wurden wieder auf Henryk-Andrzej geändert. Meine Vornamen kommen in Deutschland und in Polen vor, und so konnte ich diese behalten. Jedoch die deutschen Vornamen meiner Schulfreunde wurden durch die polnische Behörde geändert: Herbert auf Franciszek (Franz), Gerhart auf Stanisław (Stanislaus). Diese Vornamen bekamen sie 1932 in unserem Ort Dąbrówka Wielka, Polen, und diese störten bis zum Jahr 1939 keinen in Polen. Die deutsche Beschriftung der Grabsteine auf dem Friedhof musste durch Bemalen oder Ausschlagen undeutlich gemacht werden. Wer die Anweisung nicht befolgt hatte, dem wurden die Grabsteine umgekippt. Wie die polnischen Bürger auf dem Friedhof gewütet und zugleich die Ruhe der Toten gestört hatten, das sahen wir Kinder uns am Sonntag, als wir zur Kirche gegangen sind, an. Auch alle anderen deutschen öffentlichen Beschriftungen auf Gebäuden usw. mussten entfernt werden. Einige deutsche Familien wurden aus ihren Häusern bzw. Wohnungen vertrieben, ihre ganze Habe beschlagnahmt und sie selbst in einem Lager inhaftiert und später nach Mitteldeutschland verbannt. Meistens waren das ältere Menschen und Frauen mit Kindern. Das alles geschah, um das Optische der Deutschen in Dąbrówka Wielka auszulöschen. Das Optische der Deutschen konnte die polnische

Behörde wegwischen, jedoch das „Deutsch-Dasein", das konnten sie den Deutschen aus ihrer Seele nicht entfernen.

Sehr emotional erlebte ich die Vertreibung und die Inhaftierung meines Freundes Georg mit seiner Mutter und Schwester aus ihrer Wohnung und ihre Unterbringung in einem Internierungslager, in dem vorher Kriegsgefangene inhaftiert waren. Die Wohnung bekam ein polnischer Milizionär. Das Lager lag im nächsten Ort von Dąbrówka Wielka, war bewacht, und sie durften es nicht verlassen. Sie bekamen dort nichts zum Essen, und zum Trinken gab es Leitungswasser. Sie lebten nur von dem, was ihnen dort Verwandte, Bekannte, Freunde usw. gebracht haben. Der 14-jährige Georg konnte unter dem Lagerzaun das Lager verlassen, und so erschien er öfters bei uns zu Hause. Zusammen sammelten wir alles Essbare, und damit kehrte er wieder zurück unter dem Zaun hindurch in das Lager. Wir fingen sogar Sperlinge für den Suppentopf. Mit der Angel in Tiefgewässern und mit einem Korb aus Weidenbaum fingen wir in den Flachgewässern Fische. Auch der kleinste gefangene Fisch wurde mitgenommen, der wurde im Lager getrocknet und dann gemahlen und als Stärkemehl für Soßen verwendet. Nach einigen Monaten wurden sie aus dem Lager entlassen, und eine kurze Zeit wohnten sie bei Bekannten in unserem Ort.

Eines Sommertages, wohl 1946 früh am Tage, kam Georg weinend zu uns nach Hause, um sich von mir zu verabschieden, und schenkte mir seine Angel. Er sagte mir, dass er, seine Mutter und seine Schwester in der Nacht eine Nachricht bekommen hatten, dass sie um 6:00 Uhr abgeholt und zum Bahnhof in Birkenhain (Brzeziny Śląskie) gebracht würden. Denn dort sollte um 9:00 Uhr ein Zug kommen, der sie nach Russland zum Ernten bringen solle. Wir haben lange zusammen geweint und verabschiedeten uns. Ich bin noch kurz vor sechs entlang der Bahnstrecke zum Bahnhof nach Birkenhain gelaufen, um dort nicht nur von ihm, sondern auch von seiner Mutter und Schwester Abschied zu nehmen. Auf dem Bahnsteig befanden sich sehr viele Menschen, die, die abtransportiert werden sollten, und die, die gekommen waren, sie zu verabschieden. Gegen 9:00 Uhr kam ein Güterzug mit ca. zehn bedeckten Güterwagons mit Schiebetür und einer Dampflok. Sie mussten in den Wagons Platz nehmen und wurden kurz danach weggefahren. Der Jammer der Menschen in den Wagons und auf dem Bahnsteig war sehr groß. Die Bilder des Geschehens auf dem Bahnhof sehe ich wie im Traum noch heute. Viele Monate war mir ihr Schicksal unbekannt. Doch eines Tages bekam ich von Georg einen Brief. Er teilte mir mit großer Freude mit, dass sie nicht nach Russland gebracht worden sind, sondern in die britische Zone Deutschlands, nach Sauerland. Seit der Zeit waren wir schriftlich in Verbindung. Im Jahr 1973 besuchte ich ihn in Letmathe, wo er wohnte. Inzwischen war er verheiratet und Vater von zwei Söhnen. Sein älterer Sohn wurde später mein Schwager. Seine Mutter sagte mir damals, dass eine Vertreibung schlimmer als der Tod ist und das, was sie erlebt hatten, ein Verbrechen gegen die Menschlichkeit.

Mein Vater führte den Friseursalon weiter. Für die DM (Deutsche Mark) konnte man nichts mehr kaufen, da sie an Wert verloren hatte, und zweitens waren die Lebensmittelgeschäfte leergeplündert. Zur Vaters Kundschaft gehörten auch russische Soldaten, die außerhalb unseres Ortes stationiert waren. Für Dienstleistungen zahlten sie mit Ware, vorwiegend mit Zucker und Schweinefett. Die Bauern zahlten für Rasieren und Haaresschneiden mit Ware: Milch, Eier, Roggen, Hafer usw. Die anderen wurden sozusagen auf Pump bedient, ihre Schulden wurden notiert, und später wurden diese beglichen. Als der polnische Zloty kam, konnte man die DM in Zloty umtauschen – 1000 DM gleich 30 Zloty. Der erhaltene Roggen wurde in einer Steinmühle gemahlen und zum Brotbacken und für andere Zwecke verwendet. Hungern brauchten wir nicht, die Grundnahrungsmittel Brot und die im Herbst eingekellerten Kartoffeln sowie ein Fass Sauerkraut waren im Keller vorrätig.

Altes Brot wurde für die Brotsuppe verwendet, mit Knoblauch, Rindertalg, Salz und etwas Maggi schmeckte diese sehr gut. Manchmal wurde die alte Brotscheibe kurz in Wasser getaucht und in einer Pfanne mit Fett gebacken, danach Zucker darauf gestreut und gegessen. In einem Bäckerladen las ich: *„Altes Brot ist nicht hart, aber ohne Brot, das ist hart."*

Da Deutschland von den Siegermächten besetzt war, bekam mein Vater keine deutsche Kriegsrente mehr. Er war öfters so krank, dass er nicht im Friseursalon arbeiten konnte.

Anfang des Jahres 1945 meldeten sich in unserem Ort einige Lehrer, die bis 1939 in Dąbrówka Wielka in der Grundschule gelehrt hatten. Es wurde eine achtjährige Grundschule eingeführt (Kinder im Alter von 7 bis 15 Jahren). In Polen gab es damals nämlich nur eine Acht-Klassen-Grundschule. Das Schuljahr begann im Frühjahr des Jahres 1945. Ich ging gleich in die sechste Klasse, in der nur polnisch unterrichtet wurde, und das ohne irgendwelche Schulbücher, alles musste man von der Wandtafel abschreiben. Das Lehrmaterial in der polnischen Sprache war für uns Kinder sehr schwierig zu verstehen. Ich hatte da große Schwierigkeiten in Geschichte und Geografie, und so blieb ich ein Jahr sitzen. Aber der Klassenlehrer sagte meinem Vater, dass ich in den zweimonatigen Ferien (Juli, August) die zwei Fächer erlernen solle. Und nach den Ferien könnte ich nach gelungener Nachprüfung in die 7. Klasse versetzt werden.

Nach dem Krieg waren viele private Lebensmittelgeschäfte in Dąbrówka Wielka geschlossen und standen leer. Mein Vater nutzte das aus, und wir sind im Juli 1945 in ein Mehrfamilienhaus umgezogen. Unsere Wohnung war im Erdgeschoss und bestand aus drei Zimmern mit Geschäft, wo mein Vater seinen Friseursalon eröffnete. Trockentoilette im Hof. Zur Wohnung gehörte ein Kellerraum und ein Stall. Gekocht und geheizt wurde mit Kohle, mit Wasseranschluss, aber ohne -abfluss. Gebrauchtwasser musste man so wie in den zwei vorherigen Wohnungen entsorgen. In dem Stall hielten die Eltern eine Ziege, ein Schwein, Kaninchen und einige Hühner.

Im September 1945 hat sich unsere Familie wieder vergrößert, unser Bruder Wladyslaw wurde geboren. Da bestand unsere Familie aus sieben Personen: die Eltern und fünf Kinder (geb. 1931, 1932, 1936, 1941, 1945). Ich und meine Schwester Zofia mussten öfters die jüngeren Geschwister hüten, so auch den Bruder Wladyslaw.

Die Unterrichtsräume in unserer Schule waren sehr groß, und in einem Raum waren um die 40 Schüler, auch zu deutschen Zeiten, untergebracht. Jungs und Mädchen in getrennten Klassen. Wir saßen auf länglichen Holzbänken, fünf Schüler in einer Bank. Ich saß meistens in der ersten Bank, das gab mir einige Vorteile – ich konnte die Tafel gut sehen, den Lehrer gut hören und selten wurde ich gefragt, denn der Lehrer befasste sich meistens mit den Schülern, die hinten saßen. Geschrieben wurde vorwiegend mit Federn, die man in ein Tintenfass getunkt hatte, so waren auch viele Tintenkleckse in den Heften. In der Pause gingen wir schön in Gruppen auf den Schulplatz und so auch zurück in die Klasse. Herumlaufen und laut sein durften wir nicht. Selten hatten wir mitgebrachte Brote. Neben der Schule befand sich eine Bäckerei, da holten sich manche Kinder ein Stück Kuchen, der nicht immer vorrätig war. Jeder Schüler musste täglich ein Töpfchen von Zuhause mitbringen. In der großen Pause gab es verschiedene Süppchen, die aus den Töpfchen getrunken wurden. Am Ende des Schulhofes befand sich eine große gemauerte und nicht verschlossene Trockentoilette – getrennt für Jungs und Mädchen. Die Toilette war meistens in den Pausen gut besucht.

Dadurch, dass ich den Eltern in vieler Hinsicht geholfen hatte, spürte ich, dass ich von den Eltern geliebt wurde. Aber das Sitzenbleiben hatte alles kaputt gemacht, und ich stand wieder unter strenger Obhut meines Vaters, um die zwei Fächer zu meistern. Nun lernte ich in den Ferien, natürlich unter der Aufsicht meines Vaters. Ich musste dem Vater von dem Lernmaterial etwas vorlesen und anschließend darüber erzählen. Mit der Geografie, das ging noch einigermaßen gut. Aber mit der Geschichte Polens, da gab es große Schwierigkeiten, nämlich mit den Namen der polnischen Könige und mit den Daten ihrer Herrschaft.

Eines Tages in der Mittagspause las ich dem Vater im Friseursalon über einen der Könige vor. Danach erzählte ich ihm nicht so richtig nach dem gelesenen Text. Er war dabei sehr nervös, beschimpfte mich und ging in die Küche, um einen Stock zu holen. Damit wollte er mich verhauen oder ihn bereit halten, um mich damit zu schlagen. In der Zeit, als er weg war, öffnete ich die Tür des Friseurssalons zur Straßenseite und bin weggelaufen. Der Vater dachte wohl, dass ich warten würde, bis er zurückkäme, um mich zu schlagen. Es war ein schöner und warmer Sommertag, so ging ich zu den Gewässern, wo mich schon einmal die Eltern gesucht hatten. Als es dunkel war, ging ich zu meinem Freund, der am Rande unseres Ortes wohnte – direkt an den Feldern. Um uns zu erkennen, hatten wir ein Pfeifsignal, und so kam er nach einigen Pfiffen aus dem Haus heraus. Da erzählte ich ihm, was passiert war und das ich nicht nach Hause gehen wolle. Er brachte mir zwei Brotschnitten, und zum Trinken war Wasser aus dem Wasserhahn im Garten. Ich übernachtete bei ihm in der Scheune. Früh am Tage bin ich einfach spurlos verschwunden.

Den Tag verbrachte ich in den umliegenden Dörfern, und bei den Bauern suchte ich eine Stelle, um ihre Kuh bzw. Kühe zu weiden. Hierfür hatte ich schließlich schon zweijährige Erfahrung hinter mir. Ich fand keine Stelle. Teilweise verbrachte ich auch die Zeit an den schon erwähnten Gewässern und in den Feldern. Am Abend meldete ich mich wieder bei meinem Freund, um in der Scheune zu schlafen. Er brachte mir auch diesmal die Abendbrote. So richtig hungrig war ich nicht, denn man konnte auch in den Feldern etwas Essbares finden. Am dritten Abend beobachtete die Mutter meines Freundes, wohin er mit den Brotscheiben ging, und so kam heraus, dass ich mich bei ihm befand. Sie hatte auch schon gewusst, dass ich von zu Hause weggelaufen bin und dass mich die Eltern überall suchten. Sie bat mich, nach Hause zu gehen, ich wollte aber nicht und ich sagte ihr, warum ich nicht gehen wolle. Während des langen Gesprächs in der Scheune und anschließend im Hause meines Freundes wurde meine Mutter benachrichtigt, dass ich mich bei ihnen befände.

Weinend, wohl aus Freude, dass sie mich heil wiedergesehen hatte, bat sie mich, nach Hause zu gehen. Weiter sagte sie mir, dass der Vater durch die Suche nach mir und durch das Schuldempfinden so erschöpft sei, dass er krank im Bett liege. Meine Mutter versicherte mir, dass er mich nicht schlagen würde. Ich bin dann doch mit der Mutter nach Hause gegangen. Ich traf meinen Vater im Bett. Wir haben uns weinend ohne zu sprechen in die Arme genommen. So waren wir wieder versöhnt, und es wurde Frieden zwischen uns beiden geschlossen. Damals war ich 13 Jahre alt, ich kann mich aber nicht erinnern, ob er mich nach diesem Vorfall nochmals verprügelt hatte. Ob ich danach ein besseres Kind war, daran erinnere ich mich auch nicht. Vielleicht verstand ich den Vater besser oder er mich. Jedenfalls er hat mich bis dahin so weit gebracht, dass ich ihm und der Mutter helfen konnte.

Nach der Versöhnung blieb mein Vater noch einige Tage im Bett. Ich denke, dass er aufgrund seiner gesundheitlichen Schäden nach dem Dienst in der Wehrmacht und durch das, was er mit meinem Verschwunden erlebt hatte, einen Nervenzusammenbruch oder einen Schwächeanfall bekam. Denn einige sollen ihm gesagt haben: *„Gut, dass er dir abgehauen ist, denn Schläge sind keine guten Geschichtslehrer.“*

In den ersten Tagen seiner Krankheit saß ich im Friseursalon und lernte Geschichte und Geografie, um in die 7. Klasse versetzt zu werden. Der eingetroffenen Kundschaft sagte ich, dass der Vater krank sei und nicht im Friseursalon arbeiten könne. Einer aus der Kundschaft, der mich schon gut aus dem Friseursalon kannte, sagte zu mir: *„Du kannst mir doch die Haare schneiden."* – *„Das kann ich nicht"*, sagte ich. Darauf der Kunde: *„Ich bin überzeugt, dass du es kannst. Probier mal, mir die Haare zu schneiden."*

Ich fasste den Mut und schnitt ihm die Haare. Kaum war ich mit dem Haarschnitt fertig, da kam der nächste Kunde, und der wollte auch, dass ich ihm die Haare schneide. Und es ging dann so weiter, dass ich an den Tagen alleine die Kunden bediente, die es wagten, von mir bedient zu werden. Damals war ich 13 Jahre alt, und nach dreijähriger Friseurlehre hatte ich den Friseurberuf schon so beherrscht, dass ich selbstständig die Bärte rasieren und die Haare schneiden konnte. Natürlich hatte ich schon vor dem Ausraster dem Vater die Haare geschnitten und den Bart rasiert. Damals schnitt ich auch schon den Kindern und den Erwachsenen die Haare, aber immer unter Kontrolle des Vaters, der auch manchmal den Haarschnitt nachgebessert hatte.

Der Vater schnitt auch unserem Pfarrer die Haare auf der Pfarrei. Seit der Zeit der Krankheit des Vaters schnitt ich dem Pfarrer die Haare. Er war ein sehr guter Kunde, zahlte mir für den Haarschnitt das Dreifache. Dass ich Hausbesuche machte, erfuhr ein Kunde, und der bestellte mich eines Tages zu ihm, um ihm und seiner Familie (fünf Personen) die Haare zu schneiden. Der Kunde wohnte in Dołki (Dolken), einer Siedlung, die zu unserem Ort gehörte. Mit der Zeit hatte ich dort immer mehr Kundschaft, und am Ende waren es 20 Personen, und dazu kamen zehn Personen in unserem Ort. Die Hausbesuche machte ich an verschiedenen Tagen und Sonntag Nachmittag. Zu der Kundschaft fuhr ich mit dem Fahrrad. Ich frage mich: Waren meinem Vater die Worte des marokkanischen Stadtführers, die ich im Vorwort erwähnte, schon bei meiner Erziehung bekannt, und zwar: *„Die Kinderjahre sind nicht dazu da, um mit Spielzeug zu spielen. In dieser Zeit muss man das Kind auf* *das Leben eines Erwachsenen vorbereiten."* Denn mit 13 Jahren erlernte ich den Friseurberuf. Seit der Zeit war ich nie ohne Geld.

Nach meinem Ausraster lernte ich zu Hause alleine die zwei Fächer weiter. Ich bestand dann auch die Prüfung und begann das Schuljahr 1945/46 in der 7. Klasse. Von der 7. Klasse wurde ich in die 8. Klasse versetzt. Ein guter Schüler war ich nicht, aber auch kein schlechter, jedoch nur Dank meines Vaters, der mich ständig ohne Schläge überwacht hatte. Ich habe gelesen: *„Nimmer wird's gelingen, Zucht mit Ruten zu erzwingen: Wer zu Ehren kommen mag, dem gibt Wort soviel als Schlag."*

Zu Ehren des Vaters kam ich wohl nur durch die mir auferlegten strengen Normen und die Schläge. Aufgrund der Schläge meines Vaters würde mich heute der Staat bzw. das Jugendamt den Eltern wegnehmen und in ein Kinderheim bzw. in ein Kinderhaus stecken bzw. bei Pflegeeltern unterbringen. Bekommt man dort eine bessere Erziehung? Das glaube ich nicht.

Aus heutiger Sicht hat mein Vater alles gut gemacht, und Schläge gehörten zu meiner Erziehung. Ein Kind zu schlagen, das tut auch den Eltern weh. Aber nach meiner heutigen Ansicht gehören Schläge zur Erziehung, und überhaupt zur Erziehung so eines Kindes, wie ich es war. Mit Schlägen kann man ein Kind teilweise zum Gehorsam zwingen, aber nicht dazu, dass es besser in der Schule lernt. Hierzu gehört Nachhilfe von einem Pädagogen, der auch weiß, den Schüler zu helfen. Geschlagen wurden wir nicht nur zu Hause, sondern auch in der Schule, und wer Pech hatte, der bekam auch etwas in der Kirche ab. Manchmal verpasste uns auch ein älterer Mensch eine Ohrfeige auf der Straße, wenn wir es verdient haben. Durch die Schläge zu Hause und in der Schule bekam ich keine gesundheitlichen Schäden, aber viele Dummheiten wurden mir aus dem Kopf herausgeschlagen. Sogar das Abbeißen der Fingernägel hatte mir der Vater mit Schlägen abgewöhnt. Ab und zu kontrollierte er diese, und für jeden frisch abgebissenen bekam ich Schläge. Viele behaupten, dass nervöse Kinder die Fingernägel abbeißen, und dass sie durch Schläge noch nervöser werden.

In den letzten Jahren berichteten die Medien, dass es immer mehr schwer erziehbare Kinder gibt, die in vielen Fällen als seelisch gestörte, traumatisierte Geisteskranke usw. bei einem Psychiater behandelt bzw. in ein Kindererziehungsheim untergebracht werden. Es wird auch viel berichtet, dass sehr viele Kinder in Armut leben. Ja, heute ist ein Kind arm, wenn es kein Einzelzimmer, kein TV, Handy, Smartphon hat, nicht in die Ferien fahren kann usw. Das alles hatte meine Generation nicht, und als arme Kinder hat uns keiner eingestuft, und ich spürte auch nicht, dass ich ein armes Kind war. Erst 25 Jahre später erfuhr meine Mutter, dass ich aus einer armen Familie komme. Ich habe gelesen: *„Reich ist der, der gesund ist und keine Schulden hat."*

Nach dem 2. Weltkrieg waren viele Waisenkinder in Waisenhäusern untergebracht, wo sie auch geschlagen, misshandelt wurden. Viele Jahre später, schon als sie erwachsen waren, verklagten viele von ihnen die Heime, und das mit Erfolg, und sie wurden mit einigen tausend Euro dafür entschädigt. Eigentlich müssten sich die Personen bei den Heimen bedanken, dass sie dort Unterkunft, Betreuung usw. gefunden hatten. Nun müsste ich auch meinen Vater für die Schläge und Misshandlungen verklagen. Verklagen? Wofür, dass er mich gut erzogen hatte? Dafür bin ich ihm nur dankbar. In meiner Kindheit war der Stock im Elternhaus, in der Schule, in der Kirche usw. der Psychiater. Mit Respekt wurden damals ältere Menschen von den Kindern bzw. Jugendlichen angesehen. Und heute haben ältere Menschen auf der Straße Angst vor den Kindern bzw. den Jugendlichen. Denn die können dich sogar totschlagen, aus welchem Grund auch immer.

Die ältere Generation muss heute den Kindern bzw. den Jugendlichen z. B. auf dem Gehweg Platz machen. Als ich jung war, da war das umgekehrt. In manchen Ländern und Religionen begegnen die jungen Menschen weiter den Alten mit Respekt. Das liegt an der strengen Erziehung der Kinder.

Mein Akkordeon mit zwölf Basstönen war zu klein, um weitere Lehrstunden zu nehmen. Nach dem Krieg konnte man kein größeres Akkordeon kaufen, und wenn, dann war kein Geld für den Kauf da. Aber mit der Akkordeonmusik konnte ich kleinere Gesellschaften unterhalten

Die Arbeiter der staatlichen Betriebe waren durch die Arbeitgeber mit Nahrungsmitteln versorgt, und das durch eigene Konsumläden. Für meinen Vater als Privatbetreiber eines Friseursalons war es schwierig, Nahrungsmittel zu kaufen. Anfang des Jahres 1946 nahm der Vater eine Schichtarbeit im Stickstoffwerk in Chorzów (Königshütte) als Kompressoren-Maschinist an. Nach einiger Zeit bekam er eine bessere Arbeitsstelle und arbeitete bei der Ausgabe der Arbeitsmarken an dem Betriebshaupteingang. Die Lebensmittel konnten wir dann in einem Konsumladen des Betriebs kaufen, der sich im nächsten Ort befand. Um die Ware nach Hause zu bringen, fuhren wir im Sommer mit dem Kinderwagen und im Winter mit dem Schlitten dorthin. Die Menge der Lebensmittel war abhängig von der Personenzahl der Familie und mit Lebensmittelmarken zu kaufen. Da stets keine Lebensmittel in dem Konsumladen vorrätig waren, so musste öfters jemand von uns dort Schlange stehen und auf die Lieferung der Ware warten. Der Schlangesteher dort war meistens ich.

Als Arbeiter in einem staatlichen Betrieb bekam der Vater vier Tonnen Kohledeputat im Jahr und im Herbst entsprechende Mengen Kartoffeln zugeteilt. Die Kartoffeln wurden in Wagons der Bahn zu einer Betriebsbahnrampe in Chorzów und von dort nach Hause gebracht. Das Abholen war auch nicht so einfach, denn dort musste jemand von uns ebenfalls Schlange stehen, denn man wusste nicht, wann die Kartoffeln zugestellt wurden. Wenn sie da waren, dann beauftragten wir einen Bauern in unserem Ort, der uns die Kartoffeln nach Hause brachte. Manche Arbeiter wollten die Kartoffeln nicht kaufen, und so kaufte der Vater die Kartoffel-kupons von ihnen ab. Denn wir brauchten viele Kartoffeln, mit ihnen fütterten wir auch die Schweine. Zweimal im Jahr wurde zu Hause ein Schwein geschlachtet.

Zu dieser Zeit gehörten zu den wichtigsten Nahrungsmitteln Kartoffeln, dazu verschiedenes Gemüse wie Rot-, Weißkohl, Möhren, rote Rüben und Brot. Andere Lebensmittel wie Fleisch, Fett, Mehl, Zucker, Butter, Milch, Milchprodukte, Süßigkeiten usw. waren mit Lebensmittelmarken zu kaufen. Zucker war ständig vor uns Kindern unter Verschluss gehalten, damit wir ihn nicht naschen. Es gab sehr wenig Süßigkeiten, da diese nur auf Marken in begrenzter Menge zu kaufen waren. Wenn die Eltern sie gekauft haben, waren diese meistens auch unter Verschluss und wurden für Geburtstage, Feiertage usw. gehalten. Einmal in der Woche wurden drei große Brotlaibe gebacken. Den Brotteig machte meine Mutter zu Hause selber fertig, dann wurde er in eine Form gelegt und in eine Bäckerei zum Ausbacken getragen. Die Brotscheiben wurden vorwiegend mit Schweinegriebenfett (Schmalz) bestrichen. Belegte Brote mit Wurst, Schinken, Käse usw. waren mit Margarine beschmiert.

Die Kartoffeln wurden gekocht, dazu gab es Fleisch und Gemüse, oder gebraten, dazu gab es dann Buttermilch, Kartoffelpuffer, gebraten in der Pfanne oder direkt auf der Kochplatte. Dann gab es auch die gern gegessenen Klöße aus rohen oder gekochten Kartoffeln. Sauerkraut im Fass war immer im Keller vorrätig. Auf den Feldern um unseren Ort bauten die Bauern sehr viel Weißkohl an. Am Sonntag war das schlesische Mittagessen ein Muss – Nudelsuppe, Klöße mit Fleischrouladen und Rotkohl und Kompott aus frischem Obst, oder aus dem Einweckglas.

Den Friseursalon führte der Vater nur halbtags, vor- oder nachmittags, weiter. Die vier Tonnen Kohledeputat im Jahr waren zum Kochen und Heizen zu wenig, und so besuchte ich die Halden der schon erwähnten Gruben ab und zu weiter. Da stand ich weiterhin an der Haldenwand seitlich von den Loren und wartete auf Leerung der Loren, um viel Kohle und Holz einzusammeln. Die eingesammelte Menge an Holz und Kohlen brachte ich weiterhin mit der Zweiräderkarre nach Hause.

Als wir die Ziege hatten, da brauchte ich keine Kuh mehr weiden, sondern brachte der Ziege und den Kaninchen Gras aus den Feldern. Das machte ich aber sehr gerne, da ich in der Zeit außer Haus war, und so konnte ich etwas Freiheit genießen. Im Friseursalon musste ich auch noch meinem Vater Aushilfe leisten und meine Kundschaft bei ihnen zu Hause besuchen. Wenn der Friseursalon Nachmittag geöffnet war, hatten wir am Wochenende sehr viel Kundschaft. Der Salon war bis 19:00 Uhr geöffnet. Aber nach Feierabend klopften an der Tür viele Kunden, die Spätschicht hatten, um hereingelassen zu werden. Die haben wir immer hereingelassen, und wir arbeiteten an manchen Freitagen und Samstagen bis in die Nacht hinein. Da bekam ich öfters starke Schmerzen in den Beinen und im Rücken. Viele von den jüngeren Männern wollten nicht vom Vater die Haare geschnitten haben, nur von mir, und so hatte der Vater oft schon Feierabend, während ich weiterarbeitete. Die Jüngeren wollten die Haare etwas länger tragen, und der Vater schnitt ihnen die Haare etwas zu kurz.

Im Jahr 1946 haben die Eltern einen Schrebergarten gepachtet, und so kamen auf mich zusätzliche Aufgaben zu. Den Boden umgraben, die jungen Pflanzen gießen, Unkraut jäten usw. Aber da gab es dann auch etwas zum Naschen – Radieschen, Möhren, Erdbeeren, Stachelbeeren, Johannisbeeren usw. In der Naschzeit, da ging ich dort sehr gerne hin.

Die Fische im Aquarium gab ich auf, stattdessen hielt ich einige Paare Brieftauben, die ich auf dem Geflügelmarkt in Chorzów gekauft hatte. Dafür baute ich mir auf dem Speicher eine Taubenkammer mit Ein- und Ausflugöffnung. Die Tauben beobachtete ich in der Kammer und vom Hof aus. Von dem Geldes, das ich mir bei meiner Kundschaft verdiente, kaufte ich das Futter für die Tauben. Eines Tages, als ich von der Schule nach Hause kam, lagen alle Alt- und Jungtauben tot auf dem Kammerboden mit abgerissen Köpfen. Der Boden und die Wände waren mit Blut besprizt. Die barbarische Tat wurde ohne Vorwarnung durch einige Personen aus dem Brieftaubenzuchtverein durchgeführt. Brieftaubenzüchten und -halten war nämlich nur den Mitgliedern des Vereins erlaubt, was mir unbekannt war. Als ich die schönen Tauben tot auf dem Boden sah, weinte ich bitterlich und konnte lange Zeit die grausame Tat nicht vergessen. Nachdem ich die Taubenkammer gesäubert und mit gelöschtem Kalk ausgespritzt hatte, kaufte ich mir eine andere Taubenart.

In den Schulferien, im Juli 1946, arbeitete ich mit einem Schulfreund bei einer Produktion von großen Ziegeln mit Ornament für die Fassade eines Einfamilienhauses. In einer aus Stahl hergestellten Form wurde Zementmischung festgestampft und danach die gestampfte Gestalt aus der Form zum Austrocknen befreit. Die Baustelle befand sich 5 km von Zuhause entfernt, und täglich gingen wir zu Fuß hin und zurück. Im August war ich dann zwei Wochen in einem Ferienlager für Kinder des Arbeitsgebers meines Vaters, das 20 km von zu Hause entfernt lag. Da war ich 14 Jahre alt und das erste Mal zu einer Erholung. Sonst, bis zu diesem Alter, war ich in den Schulferien immer zu Hause beschäftigt oder hatte einige Male ein bis zwei Wochen bei meiner Urgroßmutter in Neutusch bei Welungen verbracht.

In unserem Ort gab es weiter keine Arztpraxis. Wenn man einen Arzt besuchen wollte, musste man in eine der umliegenden Städte mit dem Zug bzw. Bus fahren oder zu Fuß gehen. Auf Wunsch besuchte weiterhin die Nonne aus dem Nonnenkloster die Kranken in unserem Ort, und das für ein „Vergelt's Gott". Natürlich, wenn ihr jemand einige Groschen in die Hand drückte, so nahm sie diese gerne an. Die Nonne nannten die Leute im Ort „Klosteragent". Weil sie bei den Besuchen der Kranken im Ort über alle Geschehnisse wissen wollte, um im Kloster den verbliebenen Nonnen diese zu erzählen. Ansonsten wurden viele Krankheiten mit verschiedenen Hausmitteln geheilt.

Bis zu meinem 15. Lebensjahr war ich nur einmal beim Arzt, da ich öfters Mandelentzündung hatte. Der Arzt überwies mich in ein Krankenhaus, um die Mandeln heraus zu operieren. Die Eltern waren dagegen, und so lebe ich mit den Mandel bis heute beschwerdefrei. Die Beschwerden kamen bestimmt davon, dass wir Kinder meistens draußen kaltes Wasser tranken, und im Winter stillten wir den Durst mit Schnee oder mit einem Stück Eis. Wenn wir Kinder Schnittwunden oder andere Verletzungen hatten, so hat diese der Vater versorgt. Sogar Milchzähne bzw. kaputte Zähne hat er uns gezogen.

Im Vorwort stellte ich die Frage: *„Gehören Schläge zur Kindererziehung?"* Die Frage konnte ich erst beantworten, als ich um die 20 Jahre alt war und ungehorsame Kinder sah. Da dachte ich mir, die müsste man verprügeln. Meinen Vater verstand ich aber erst so richtig, als ich selber Vater von zwei Söhnen wurde. Die bekamen ab und zu Schläge, aber meine Schwiegermutter belehrte mich immer mit den Worten: *„Kinder schlägt man nicht."* Eines Tages sah ich, wie die Schwiegermutter mit einem Stock in der Hand den älteren Sohn auf dem Hof herum jagte, um ihn damit zu schlagen. Da rief ich ihr zu: „Kinder schlägt man nicht." Zu Antwort bekam ich: *„Das ist kein Kind, das ist ein Teufel!"*

Als mir die Schwiegermutter das sagte, *„Kinder schlägt man nicht"*, war mein Sohn noch ein Kind. Ich frage mich, was der Grund ist, dass er auf einmal ein Teufel sein soll und man einen Teufel schlagen darf. Als der Sohn in der zweiten Klasse der Grundschule war, da erfuhr ich von seiner Lehrerin, dass er nur sehr schlecht lesen konnte, und wir sollten zu Hause mit ihm das Lesen üben. Nun wollte meine Frau sich erkundigen, wie er las, und bat ihn, aus dem

Schulbuch etwas laut vorzulesen. Da sagte er ihr, dass er nicht laut lesen werde. Da wollte ich, dass er mir etwas vorlas. Mir sagte er ebenfalls, dass er nicht laut lesen werde da ich die Zeitung auch nicht laut lesen würde. Ich erklärte ihm, warum er laut lesen müsse. Es hat nichts geholfen, er bestand weiter mit seinen 8 Jahren auf „Nein". Nun holte ich einen Ledergürtel und sagte ihm, er solle lesen, sonst würde ich ihn damit schlagen. Er blieb weiter stur. Da nahm ich ihn auf das Knie, und er bekam einige Schläge auf den Po. Danach forderte ich ihn auf zu lesen. Nun war er der Meinung, dass er jetzt nicht laut lesen könne, da er weinen müsse. Gut, sagte ich, aber morgen würden wir wieder versuchen zu lesen. Am nächsten Tag hat er gelesen und die Tage darauf auch. Also kann man Sturheit mit Schlägen heilen.

Im Jahr 1947, im Alter von 15 Jahren, verließ ich mit einer durchschnittlichen Leistung die achtjährige Grundschule in Dąbrówka Wielka O/S, Polen. Von Beruf wollte ich Förster oder Automechaniker werden.

Die Jahre von 1947 – 1950

Um etwas mehr Geld zu verdienen und so den Eltern finanziell etwas zu helfen, nahm ich in den Schulferien Juli/August 1947 eine Arbeit auf. Sechs Wochen arbeitete ich in einer Tischlerei in Brzeziny Śląskie (Birkenhain), in der Waschbretter hergestellt wurden. Zu meiner Tätigkeit gehörte die Montage der Waschbretter. Zugleich suchte ich mir eine Lehrstelle, um Förster zu werden. Die Liebe zur Natur passionierte mich schon von Kindesalter an. Ich ging doch sehr gern in die Felder, zum Fischen, die Kuh weiden usw. Als ich älter wurde, ging ich sehr gerne in den Wald, um dort die Stille des Waldes zu genießen und dabei Beeren zu pflücken und Pilze zu sammeln. Aber gleich nach dem Krieg im Jahr 1947 gab es in Polen keine Schule für Försterberufe.

Mein zweiter Berufswunsch war Automechaniker, um später einen Bus bzw. einen Lkw zu fahren, wohl damit ich immer irgendwo unterwegs bin. Bei Busfahrten wollte ich immer in der Nähe des Busfahrers sitzen, um ihn während der Fahrt zu beobachten. Automechaniker gefiel meinem Vater nicht, er sagte, als Automechaniker würde ich immer dreckige Hände haben und als Fahrer eines Busses bzw. eines Lkws würde ich mich immer in verschiedenen Arbeitssituationen befinden. Ich gab aber nicht auf und fuhr mit dem Fahrrad in die umliegende Städte, um dort in den privaten Autowerkstätten einen Ausbildungsplatz zu finden. In denen wollte mich keiner haben. Vielleicht hätte ich einen Ausbildungsplatz finden können, wenn bei der Suche auch mein Vater dabei gewesen wäre. Auch heute, mit 85 Jahren, macht es mir viel Spaß, einen Pkw zu fahren. Dabei spüre ich keinen Stress, sondern im Gegenteil Erholung.

Ich konnte auch Friseur werden, aber dieser Beruf gefiel mir nicht so richtig, denn ich wollte doch immer raus aus dem Haus. Und zweitens war in dem kommunistischen polnischen Staat ein Friseursalon in privater Hand ungern gesehen, da sie bei den Kleinkapitalisten eingestuft waren. In dieser Zeit zählte nur die Arbeiterklasse. In den Bewerbungsschreiben musste der Bewerber auch seine Herkunft erwähnen. Ich schrieb einmal „Arbeiterherkunft", dies wurde jedoch durchgestrichen und daneben „Kleinbürgertum" geschrieben. Obwohl mein Vater in der Zeit im staatlichen Betrieb als Arbeiter tätig war. Als Friseur müsste ich dann in einer Friseurgenossenschaft arbeiten und wenig verdienen. Denn der Friseur musste dann auch für die Bürokräfte das Geld verdienen.

Da ich keine Lehrstelle für meine Wunschberufe Förster bzw. Automechaniker gefunden habe und dazu nicht Friseur werden wollte, drängte mich der Vater dazu, dass ich mich auf ein technisches Fach-Gymnasium für die mechanische Fachrichtung bewerben solle. Gymnasium passte irgendwie nicht zu mir, denn schon die Bezeichnung „*Gymnasium*" schreckte mich ab. Dazu noch ein Gymnasium, das an das Stickstoffwerk in Chorzów-Stary (Königshütte-Ost) angeschlossen war, wo mein Vater gearbeitet hatte. Dann wäre ich weiter unter Aufsicht des Vaters, das gefiel mir überhaupt nicht. Mit 15 Jahren dachte ich mir, dass ich wohl „*Freiraum*" bräuchte, um mich alleine zu entwickeln. Wie sich jedoch später herausstellte, führte die Aufsicht meines Vaters dazu, dass ich zu einem Beruf kam, der mir vorher unbekannt war.

Das Wochenlernprogramm sah so aus: fünf Tage in der Woche Unterricht und ein Tag praktische Schulung – abhängig von der Fachrichtung. Es gab drei Fachrichtungen – chemische, elektrische und mechanische. Die Bewerber der mechanischen Fachrichtung sollten in der mechanischen Betriebswerkstatt die praktische Ausbildung erhalten. Eine Aufnahmeprüfung sollte entscheiden, ob ich aufgenommen würde. Nach drei Jahren sollte man das kleine Abitur machen und eine Qualifikation eines Facharbeiters im Metallgewerbe erhalten. Mit der Ausbildung könnte man als Facharbeiter im Metallgewerbe eine Arbeit aufnehmen. Oder im gleichen Gebäude das zweijährige Lyzeum besuchen. Nach Abschluss des Lyzeums erreichte man das Fachabitur.

Um meinen Vater nicht zu ärgern, reichte ich Anfang Juni 1947 die Bewerbungsunterlagen im Sekretariat des Gymnasiums für die mechanische Fachrichtung ein. Dabei dachte ich mir aber, gut, ich werde mich bei der Aufnahmeprüfung so stellen, dass ich die Prüfung nicht bestehe. Und so werde ich meinen Kopf durchsetzen und das Gymnasium nicht besuchen. Anfang Juli 1947 wurde ich und auch andere Bewerber durch die Betriebsärzte des Werkes auf den Gesundheitszustand hin untersucht. Damals waren viele Kinder krank, meistens hatten sie Tuberkulose. Die kranken Kinder waren dann erst in einem Sanatorium untergebracht, um sie dort zu heilen. Der Arztbesuch war mein zweiter in den 15 Jahren meines Lebens.

Mitte Juli 1947 fanden dann die Aufnahmeprüfung statt. Bis zu dem Prüfungstag habe ich über die Sache so richtig nachgedacht und bin zu folgendem Entschluss gekommen: In drei Jahren erreiche ich die Ausbildung eines Facharbeiters im Metallgewerbe. Diese Ausbildung ist doch ähnlich der Ausbildung zum Autoschlosser bzw. zum Automechaniker. Zu der Zeit werde ich 18 Jahre alt, dann mache ich den Führerschein und kann dann doch als Busfahrer bzw. als Lkw-Fahrer tätig sein. Und so beschloss ich, alles zu machen, damit ich die Aufnahmeprüfung bestünde. Die Prüfung habe ich bestanden und wurde für das Schuljahr 1947/48 aufgenommen. Teilweise war ich auch stolz darauf, ein Gymnasiast zu sein.

Am 1. September 1947 begann das erste Gymnasiumsjahr. An dem Tag versammelten sich sehr viele Schüler der drei Fachrichtungen, Mädchen und Jungs, auf dem Schulplatz der Schule. Danach wurden wir in den Festsaal der Schule eingeladen, wo wir vom Direktor der Schule in einer kleinen Ansprache begrüßt wurden. Danach konnten gemäß der Fachrichtung die Schüler die Werkstätte besuchen, wo sie die praktische Ausbildung erhalten sollen. Wir besuchten die Schulwerkstatt und die große mechanische Werkstatt des Betriebs. Unsere Klasse bestand aus 39 Schülern, manche von ihnen waren älter als 15 Jahre, und einige waren keine gebürtigen Schlesier, und so verstanden sie unsere schlesische polnische Sprache nicht.

Zum Unterricht, der um 8:00 Uhr begann, und zu der praktischen Schulung, die um 6:00 Uhr begann, fuhr ich hin und zurück mit der Bahn. Vom Bahnhof in Dąbrówka Wielka fuhr ich nach Chorzów-Stary mit der Bahn. Und das fünf Tage in der Woche um 6:50 Uhr und einmal um 4:45 Uhr. Nach der Schule bzw. dem Praktikum fuhr ich vom Bahnhof in Chorzów-Stary um 16:05 Uhr ab, zu Hause war ich dann gegen 16:45 Uhr, wenn die Züge pünktlich gefahren sind. Zum Bahnhof in Dąbrówka Wielka hatte ich ca. 400 m, aber vom Bahnhof in Chorzów-Stary bis zur Schule waren es ca. 3 km und in die Werkstatt ca. 4 km. Die Strecke musste man das ganze Jahr über und bei jedem Wetter zu Fuß gehen und öfters auch laufen. Im Sommer bei schönem Wetter fuhr ich auch mit meinem alten Fahrrad, da war eine Strecke ca. 8 km zu bewältigen.

Foto: Die Klasse I. m. Ich befinde mich in der ersten Reihe 5 von links (x) – Chorzów, 1947

Für die praktische Schulung bekam jeder Praktikant zwei zweiteilige Arbeitsanzüge in Grau. Den einen Anzug verarbeitete mir die Mutter zu einem zweiteiligen „Anzug", Hose und Blouson, und färbte es auf Dunkelblau. Mit dem ging ich zum Schulunterricht.

Die praktische Schulung fand in der mechanischen Schulwerkstatt statt, wo wir zuerst die unterschiedlichen Schlosserwerkzeuge kennen lernten sowie ihre Anwendung. Einige Tage wurden wir über verschiedene Metalle und den Umgang mit der Feile unterrichtet.

Die Metalle mussten wir an der Werkbank feilen, manche genau zum Winkel. Später konnten wir in der großen mechanischen Werkstatt praktizieren. Ein Meister von der Schulwerkstatt war immer dabei. Dort lernten wir, die verschiedenen Metallbearbeitungsmaschinen zu bedienen und an ihnen zu arbeiten. Die praktische Ausbildung in der Werkstatt gefiel mir sehr gut.

Das theoretische Unterrichtsmaterial machte mir anfangs keine große Schwierigkeiten. Aber mit der Zeit wurde die Belastung immer größer. Die schlimmsten Fächer waren für mich Chemie und Polnisch. Man hatte noch nicht ganz die polnische Sprache beherrscht, da kam noch die Fremdsprache Französisch dazu. Der Lehrer für Polnisch bewertete unsere Diktate und Aufsätze sehr streng. Man war froh, wenn man die Note Ungenügend mit minus bekam, denn manchmal hatte er das Diktat bzw. den Aufsatz nur durchgestrichen ohne Bewertung zurückgegeben.

Foto: Ich (15), der Gymnasiast – 1947

Die Noten im ersten Halbjahr waren nicht zu gut – nur einmal „gut" in technischem Zeichnen. In seiner Freizeit zeichnete mein Vater verschiedene geometrische Formen. Dazu besaß er ein A2 großes Reißbrett und Reißzeug, was man in der Nachkriegszeit nicht kaufen konnte. Das Reißbrett und das Reißzeug kamen mir zugute, und so konnte ich schöne technische Zeichnungen erstellen. Das einzige, das ich von meinem Vater erbte, war das Malen. Zwar nicht so schön, wie er es konnte, aber mit meiner Malerei waren meine Schullehrer zufrieden. Erst als ich erwachsen war, bemalte ich verschiedene Karten zum Verkauf und Wände zu Hause und außer Haus. Das Malen wandelte ich in das technische Zeichnen um. Also, die Noten im Halbjahrzeugnis waren nicht befriedigend. Ich hatte schlicht zu wenig Zeit, um mich nur auf das Lernen zu konzentrieren. Ich fuhr auch ab und zu auf die Halde, um Kohle und Holz einzusammeln, wo ich manchmal auch etwas Kohle verkaufte. Dann kam noch meine Kundschaft, der ich weiterhin bei ihnen zu Hause die Haare geschnitten habe.

Ein Schulfreund lernte Elektriker, und er besuchte an drei Tagen in der Woche die Berufsschule und an weiteren vier Tagen die Werkstatt. Die Berufsschule befand sich in einem Ort und lag ca. 4 km von zu Hause entfernt. Die Schüler machten die praktische Schulung in verschiedenen staatlichen Betrieben und bekamen ein geringes Entgeld. Da dachte ich mir, vielleicht wäre besser, wenn ich eventuell auch so eine Berufsschule besuchte und Schlosser lernte. Nun beschwerte ich mich bei meiner Mutter darüber, dass ich nur auf Druck des Vaters das Gymnasium besuchte und jetzt so viel lernen müsse. Am nächsten Tag, als ich von der Schule nach Hause kam, konnte ich das Mittagessen in Ruhe einnehmen. Nach dem Essen sagte der Vater zu mir: *„Zieh dich an, wir gehen in den Ort."*

Oh! Und dachte ich mir, vielleicht hat sich jemand bei meinem Vater über mich beschwert, und jetzt muss die Sache aufgeklärt werden. Wir gingen in den Ort hinein und kamen an ein Geschäft mit Haushalts- und Eisenwaren. *„Da gehen wir herein"*, sagte der Vater zu mir. Da dachte ich mir, dass er etwas Großes für zu Hause kaufen will und ich ihm helfen sollte, es nach Hause zu bringen. Wir sind in das Geschäft hereingegangen, und der Vater ging auf zwei Handwagen mit vier Räder zu. Die Wagen waren unterschiedlicher Größe. Da sagte der Vater: *„Welchen Wagen möchtest du haben, den kleinen oder den großen? Zum Anfang vielleicht den kleinen, und später kaufe ich dir den großen."* Da sagte ich: *„Ich brauche doch keinen von diesen Wagen. Wozu eigentlich?"* Darauf sagte der Vater: *„Ab morgen brauchst du nicht mehr auf das Gymnasium zu gehen und so auch nicht so viel zu lernen. Statt zur Schule wirst du auf die Halde fahren, Kohle und Holz sam-*

meln, und was übrig bleibt, verkaufen wir. Ich und die Mutter werden dann Geld haben, und du brauchst nicht lernen."

Da war ich rot im Gesicht und sprachlos. Für einige Zeit standen wir beide da und sahen uns die zwei Wagen an. Ich war am Überlegen, denn die Arbeit auf der Halde hat mir gefallen. Dort war ich Chef für mich und keiner sagte zu mir: *„Mach das oder das."* Keine vorgeschriebene Arbeitszeit usw. Dann sagte ich aber dem Vater, dass ich es mir erst in Ruhe überlegen wolle, ob ich das Gymnasium oder die „Halde" wählte. Da sagte er: *„Gut, überlege es dir und sage mir dann Bescheid."* Wir sind dann zurück nach Hause gegangen und haben über den Kauf des Wagens und so auch über die Wahl, Gymnasium oder Halde, nicht mehr gesprochen. Das war die Reaktion meines Vaters auf das Gespräch, das ich über die Schule mit meiner Mutter geführt hatte. Der Standpunkt meines Vater hat mir insofern gefallen, dass er keine Gewalt mir gegenüber angewandt hatte. Ich beschwerte mich bei meiner Mutter auch nicht mehr und besuchte das Gymnasium weiter.

Das erste Gymnasiumsjahr 1947/48 brachte ich zu Ende und wurde in die 2. Klasse versetzt. Die Noten waren zufriedenstellend – dreimal „sehr gut" in Betragen, SP (Dienst an Polen) und technisches Zeichnen. „Gut" für praktische Schulung und die verbliebenen Fächer „genügend". „SP" war ein Unterrichtsfach, da wurden Staatsbürgerkunde, Singen, Marschieren usw. gelernt. Die Note sehr gut bekam ich wohl nur deswegen, weil ich beim Singen-Unterricht mit dem Akkordeon begleitete.

Juli und August 1948 – zwei Monate Schulferien, davon aber vier Wochen die praktische Schulung in der mechanischen Werkstatt des Betriebs. Täglich von 6:00 Uhr bis 14:00 Uhr, samstags bis 12:00 Uhr. Wir lernten Arbeiten und Bedienen von Metallbearbeitungs-Maschinen wie Bohrmaschine, Drehbank, Hobelmaschine usw.

Drei Wochen der Schulferien arbeitete ich als Friseur in einem Friseursalon in Brzeziny Śląskie, wo meine Schwester Sofia die Ausbildung zur Friseuse machte. Da war ich 16 Jahre alt. Der vertragliche Friseur des Salons machte in dieser Zeit Urlaub. Die Chefin des Damen- und Herrensalons hat mit meinem Vater abgemacht, dass ich abwechselnd täglich arbeiten würde – einen Tag vormittags von 8:00 Uhr bis 13:00 Uhr und einen Tag nachmittags von 14:00 Uhr bis 19:00 Uhr. Die Tätigkeit aufzunehmen war ich bereit. An meinem ersten Arbeitstag kam viel Kundschaft in den Salon, aber nur einige trauten sich, sich von mir rasieren bzw. die Haare schneiden zu lassen. Einige alte und junge Bewohner des Orten gafften durch das Ausstellungsfenster hinein, um den jungen Friseur in einem weißen Friseurkittel bei der Arbeit zu beobachten. In kurzer Zeit überzeugte sich die Kundschaft, dass ich ein guter Friseur war, und am Ende trauten sich fast alle, von mir bedient zu werden. In den drei Wochen war ich bei der Kundschaft sehr beliebt, und nach der Vertretungszeit fragten viele nach mir. Die restliche Woche der Schulferien verbrachte ich meistens auf der Halde, um Kohle und Holz zu sammeln.

Das zweite Gymnasiumsjahr 1948/49 begann am 1. September. Als Fremdsprache hatten wir Englisch. Unsere Klasse schrumpfte auf 34 Gymnasiasten. Fünf Schüler sind in dem ersten Schuljahr – aus welchen Grund auch immer – abgesprungen. Eigentlich sollte ich auch unter den Abgesprungenen sein. Denn viel Lust, das Gymnasium weiter zu besuchen, hatte ich nicht. Ich sprach mit dem Vater darüber, dass es vielleicht besser wäre, statt auf die Halde mit dem Wagen zu fahren, eine Berufschule zu besuchen und Schlosser zu lernen. Der Vater wollte noch darüber nachdenken.

Es war für mich nicht leicht, die zwei Aufgaben, die auf mir lasteten, zu bewältigen – das Lernen und der Familie zu helfen. Einerseits fühlte ich mich verpflichtet, den Eltern zu helfen, aber dazu war ich teilweise gezwungen. Meine Schwester half meiner Mutter bei den täglich anfallenden Hausarbeiten. Die Wäsche wurde auf dem Ofen gekocht, mit der Hand auf dem Waschbrett gewaschen und im Sommer draußen und im Winter in der Küche getrocknet. Nach dem Trocknen wurde sie in einem Wäschekorb zusammengelegt und nach einer Terminvereinbarung zum Mangelhaus gebracht. Dort wurde die Wäsche an einer manuell betriebenen Mangelmaschine gebügelt. Die Bügelmaschine hielt ich meistens ca. eine Stunde lang alleine in Betrieb. Diese Tätigkeit machte ich sehr ungern, da sie sehr anstrengend war.

Im Schrebergarten war weiterhin Frühjahr und Sommer viel zu tun, und wir Kinder mussten stets den Eltern helfen. Vorwiegend wurden angebaut: Kopfsalat, Kohlrabi, Möhren, Schnittbohnen, Zwiebeln, Tomaten, Rhabarber. So gab es in der Sommerzeit meistens Gemüsesuppen. Heute mag ich keine Gemüsesuppe, selten auch andere Suppen. Einmal sagte ich meiner Mutter: „Die Suppe schmeckt mir, sag mir aber bitte, wie man diese nennt." Da sagte mir die Mutter, da seien so alle möglichen Reste aus dem Küchenschrank drin. Sie kochte wie eine Zauberköchin, denn fast aus nichts konnte sie immer etwas Gutes zum Essen machen. Vielleicht machte auch der Hunger das Essen so schmackhaft. Ich machte mir jedenfalls die Suppen und andere Gerichte mit „Maggie" würziger. Der Mutter war es auch nicht leicht, die sieben Köpfe mit wenig Geld satt zu bekommen.

Ich freute mich immer, wenn meine Mutter Wäsche gemacht hatte, denn an diesen Tagen gab es immer ein gutes Mittagessen. Meistens Fleischroulade, Klöße aus rohen Kartoffeln mit Rotkohl. So ein Essen nur noch mit Nudelsuppe und Nachtisch dazu war ein Muss am Sonntag in Oberschlesien. Ich fragte einmal meine Mutter, warum sie an den Wäschetagen, an denen sie doch wenig Zeit zum Kochen hätte, so ein Festessen mache. Sie sagte, am Wäschetag brauche sie viel Kraft, und so müsse sie auch gut essen.

Der Schrebergarten gefiel mir aber weiterhin sehr gut, und das vor allem während der Zeit, in der es dort schon etwas zum Naschen gab – Möhren, Kohlrabi, Stachelbeeren, Johannisbeeren, was roh gleich im Garten gegessen wurde.

Mein Vater spielte auch Schach im Betriebsteam der Stickstoffwerke. In dem Team spielte auch der Lehrer, ein Ingenieur, der uns das technisches Zeichnen lehrte. Bei ihm erhielt ich am Schulende die Note „sehr gut" für technisches Zeichnen. Eines Tages sprach mich der Lehrer nach dem Unterricht an und sagte mir, dass er von meinem Vater erfahren hätte, dass ich das Gymnasium verlassen wolle, um in einer Berufsschule Schlosser zu lernen. Weiter sagte er mir, ich könne doch technischer Zeichner statt Schlosser werden. Da fragte ich ihn, wo und was so ein technischer Zeichner zeichne, denn so ein Beruf war mir unbekannt. Da sagte er, ich solle ihn am nächsten Tag im Konstruktionsbüro des Werkes besuchen, wo er arbeite, und er würde mir zeigen, was ein „Technischer Zeichner" zu tun habe.

Wie abgesprochen meldete ich mich bei ihm in dem Konstruktionsbüro. Als ich das Büro betrat und die Leute in den weißen Kitteln an den Reißbrettern sah, war ich sprachlos. Er erklärte mir, was die technischen Zeichner, Techniker und Ingenieure in so einem Büro täten. Ich war begeistert, und zugleich wurde in mir ein Traum erweckt, einmal in so einem Büro zu arbeiten.

„Was soll ich tun", fragte ich ihn am Ende, „um technischer Zeichner zu werden?" Er sagte mir, dass ich das Gymnasium nicht verlassen solle, egal ob ich in die dritte Klasse versetzt würde oder nicht. Weiterhin sagte er, dass ich mich zum technischen Zeichner weiterbilden und einen entsprechenden Abendkursus besuchen solle, der in Bytom (Beuthen) stattfände. Ich besuchte so einen Kurs, der zweimal in der Woche stattfand und fünf Monate dauerte. Dort bekam ich eine praktische und theoretische Schulung für alle Arbeitsbereiche eines „Technischen Zeichners". Die Schulung fand von 17:00 Uhr bis 20:00 Uhr statt. Es war von Vorteil für mich, dass ich gut bzw. begabt im Zeichnen war.

Nach dem Gymnasiumsunterricht fuhr ich mit der Bahn von Chorzów-Stary nach Bytom. Abends nach dem Kursunterricht fuhr ich mit der Straßenbahn bis zum Bahnhof Piekary Śląskie (Deutsch Piekar) und von dort um 21:00 Uhr mit der Bahn nach Dąbrówka Wielka. Wenn die Züge pünktlich gefahren sind, war ich um ca. 21:45 Uhr sehr hungrig zu Hause. Ich verließ das Haus wieder um 6:30 Uhr. Den ganzen Tag aß ich die von zu Hause mitgenommenen Brote. Man konnte in Bytom in mehreren Milchbars etwas essen, aber dafür fehlte sehr oft das nötige Geld. In dem Schulgebäude, wo der Kurs für „Technisches Zeichnen" stattfand, fanden auch Kurse für Konstrukteure – Konstruktionsstufe I und II statt, die ich im Schuljahr 1949/50 besuchte.

Zu lernen war sehr viel, und so nutzte ich jede freie Zeit dazu, die Pausen in der Schule, die Wartezeit auf den Bahnhöfen und die Zugfahrt. Die Kurse für technische Zeichner und für Konstrukteure weckten in mir einen größeren Wunsch, in einem Konstruktionsbüro zuarbeiten.

Mit Beginn des Jahres 1949 schloss mein Vater seinen Halbtagsfriseursalon und arbeite in dem Stickstoffwerk in Chorzów weiter. Für mich war das keine Entlastung, um mich nur der Schule zu widmen. Bei mir blieb alles beim Alten, nur machte ich mehr Hausbesuche, um einigen Leuten der alten Kundschaft die Haare bei ihnen zu Hause zu schneiden. Meine Aufgaben, der Familie zu helfen, wuchsen auch mit dem Alter. Im Stall gab es weiterhin die Ziege, ein Schwein sowie die Kaninchen, und für die musste ich öfters Gras besorgen. Wenn ich mit dem Fahrrad zur Schule bzw. in die Werkstatt gefahren bin, so besorgte ich schon unterwegs Gras, das ich an erlaubten und auch unerlaubten Stellen pflückte.

Trotz vieler Beschäftigungen brachte ich im Juni 1949 das zweite Gymnasiumsjahr zu Ende und wurde in die 3. Klasse versetzt. Die Noten waren nicht viel besser als die des vergangenes Schuljahres. Nur in technischem Zeichnen hatte ich weiter „sehr gut". Dass ich das zweite Gymnasiumsjahr zu Ende gebracht hatte, ist auch meinem Schulfreund Norbert Widera zu verdanken. Mit Norbert saß ich seit der I. Klasse in einer Schulbank. Er war ein begabter Schüler, und er hat mir viel geholfen, um meine schulischen Leistungen zu verbessern und damit ich vom Gymnasium nicht wegginge. Ich weilte viel bei ihm zu Hause in Maciejkowice (Königshütte-Ost), einem Ort, der nicht weit von unserer Schule lag. Norbert ist auf dem Gruppenfoto „Unsere Klasse I. m" zu sehen – ganz oben 3. von links (*).

Im Juli und August 1949 – zwei Monate Schulferien, davon aber vier Wochen, vom Montag bis Samstag, praktische Schulung in der mechanischen Werkstatt des Betriebes, und zwar in der Werkzeugabteilung, Schmiede, Gießerei und Schweißerei. Drei Wochen waren alle Jungs der III. Klassen in einem SP-Camp („SP" = Służba Polsce, übersetzt: „Dienst für Polen"). Untergebracht waren wir in einer Schule in Zdzieszowice, unweit der schon erwähnten Stadt Heydebreck. Wir arbeiteten bei der Trümmerbeseitigung einer im Krieg 1944/45 zerbombten Kokerei und bei der Ernte in einem staatlichen Bauerngut. Die verbliebe Woche fuhr ich fast täglich zu der Halde, um Kohle und Holz zu sammeln.

Das dritte Gymnasiumsjahr 1949/50 begann am 1. September. Als Fremdsprache hatten wir Russisch. Unsere Klasse schrumpfte auf 28 Gymnasiasten. Elf Schüler sind in den zwei Schuljahren – aus welchen Grund auch immer – abgesprungen. Da war mein Vater auf mich stolz, dass ich die dritte Klasse erreicht hatte.

Von meinem schönen technischen Zeichnen hatten wohl die auszubildenden Meister in der Schulwerkstatt erfahren. Mit einer schönen Druckschrift konnte ich die Zeichnungen mit Bleistift und mit Tusche beschriften, eine Schriftschablone konnte man damals nicht kaufen. Jede Woche in der praktischen Schulung war ich im Büro der Meister und zeichnete für die Schule Werkstattzeichnungen für verschiedene Werkzeuge wie Kombinationszange,

Rohrzange, Kneifzange und andere Zangen, Gabelschlüssel, Schlosserhammer, Sägebogen, Messwinkel usw. Nach den Zeichnungen wurden sie bei der praktischen Gesellenprüfung als Gesellenstücke hergestellt. Den Meistern fertigte ich nicht nur die Zeichnungen an, denen habe ich schon seit der ersten Klasse die Haare geschnitten, dadurch war ich auch ein bevorzugter Schüler. Es ist doch schön, wenn ein Jugendlicher mit 17 Jahren schon einiges gelernt hat.

Das Schuljahr 1949/50 brachte ich zu Ende, und Mitte Juni 1950 machte ich die mittlere Reife. Zugleich erhielt ich die Qualifikation I. Grades im Schlosserhandwerk. Als Gesellenstück machte ich Metallsägebogen auf Hochglanz poliert. Und da ich als Schlosser arbeiten wollte, legte ich eine Gesellenprüfung ab, die durch die Handwerkskammer zusätzlich durchgeführt wurde. Also, mit 18 Jahren konnte ich schon rasieren und Haare schneiden, wurde Schlossergeselle mit abgeschlossener mittlerer Reife, und dazu konnte ich abgeschlossene Kurse für technische Zeichner und Konstrukteure vorweisen. So war ich eigentlich für das Berufsleben ausgebildet und konnte eine Arbeit aufnehmen.

Im Jahr 2015 wurde viel in Deutschland darüber gesprochen, dass die Schulkinder aufgrund des Leistungsdrucks in den Schulen großem Stress ausgesetzt seien. Die Kinder sorgen selber dafür, dass sie gestresst sind, denn sie verlieren viel Zeit mit TV, Handy, Smartphones, Computer usw., dann ist wenig Zeit zum Lernen, was zum Stress führt. Wenn sie nur etwas Zeit haben, egal wo sie sich befinden, ziehen sie ihre Handys, Smartphones usw. hervor und beginnen, mit dem Zeigefinger zu tippen bzw. nach links, rechts, nach oben, unten usw. zu schieben. Und dann hört man nur: *„Ich muss mal* **schnell** *duschen, auf die Toilette, etwas essen, meinen Freund anrufen, etwas lernen usw."*

Immer alles schnell, schnell – das ist Stress. In meiner Schulzeit, trotz meines Lerndrucks, war mir Stress unbekannt. Durch meine zusätzliche Beschäftigung – Haarschneiden, Haushaltshilfe, auf die Halde zu fahren usw. da konnte ich mich vom Lernen entspannen und den Kopf zum Lernen freihaben.

Das schnell, schnell bleibt auch dann, wenn die Kinder erwachsen sind.

Die Jahre von 1950 - 1952

In dem Schulgebäude in Bytom, wo ich die Kurse für technische Zeichner und Konstrukteure besuchte, war auch ein dreijähriges Abend-Fachgymnasium und ein zweijähriges Fachlyzeum für Berufstätige. Ich habe mich für die erste Klasse des Fachlyzeums angemeldet, da ich schon früher daran dachte, irgendwo als Schlosser oder als technischer Zeichner zu arbeiten und das Abend-Fachlyzeum besuche. Da, mit zunehmendem Alter, sieht man die eigene Berufszukunft mit anderen Augen. Bis jetzt hatten mein Vater, der Lehrer für technisches Zeichnen und der Schulfreund Norbert mich so weit gebracht, dass ich das dreijähriges Gymnasium zu Ende brachte und danach Lust bekam, mich weiter zu bilden.

Um der Familie finanziell zu helfen, wollte ich eine Arbeit in einem Konstruktionsbüro finden, was mir nicht gelungen war. So nahm ich ab dem 1 Juli 1950 eine Arbeit im Stickstoffwerk in Chorzów auf. Da arbeitete ich in der mechanischen Betriebswerkstatt als Werkzeugmacher in der Werkzeugabteilung. In der Werkzeugabteilung wurden verschiedene Werkzeuge repariert und neue hergestellt und auch die Werkzeuge an die Arbeiter der Mechanischen Werkstatt ausgeliehen. Die Arbeit dauerte von 6:00 Uhr bis 14:00 Uhr, samstags von 6:00 bis 12:00 Uhr. Mit der Bahn fuhr ich um 4:45 Uhr nach Chorzów-Stary (Königshütte-Ost), von dort ca. 4 km zu Fuß bei jedem Wetter in die Werkstatt. Zurück wieder die 4 km zu Fuß zum Bahnhof Chorzów-Stary und mit der Bahn um 16:05 Uhr zurück, zu Hause war ich dann um ca. 16:45 Uhr. Seit der Zeit brauchte ich nicht mehr die Halden besuchen. Mein Vater bekam vier Tonnen Deputat Kohle und ich zwei. Die sechs Tonnen Kohle waren genug fürs Kochen und Heizen im ganzen Jahr.

Am 1. September 1950 besuchte ich das Fach-Abendlyzeum für Berufstätige in Bytom (Beuthen, O/S). Nach dem 1. Lyzeumsjahr wurde das Fach-Gymnasium und das Fach-Lyzeum auf ein fünfjähriges Technikum (anstatt drei Jahre Gymnasium und zwei Jahre Lyzeum) umbenannt.

Mein Vater war gewohnt, sich im Gymnasium nach meinen Lernleistungen zu informieren. So sagte er mir einmal: *„Gib mir die Anschrift von dem Lyzeum, da ich mich dort über deine Lernleistungen erkundigen möchte."* Da sagte ich: *„Dort hast du nichts zu suchen, das Lyzeum besuchen nur Erwachsene, einige sind sogar so alt wie du."* Damit war er so wohlwollend zufrieden und interessierte sich nicht mehr für meine Lernleistungen.

Mit 19 Jahren, im September 1950, hat meine Schwester Sofia geheiratet. Zu der Hochzeit war ich mit der Tochter unserer Nachbarn als Brautjungferpaar eingeladen. Durch die Heirat meiner Schwester wurde ich zum Schwager.

Foto: Ich (18) als Brautjungferpaar – 1950

Nach der Heirat ist meine Schwester von zu Hause ausgezogen. Sie arbeitete zu dieser Zeit als Friseuse in Brzeziny Śląskie (Birkenhain), in dem Friseursalon, wo ich einmal als Friseur in Vertretung tätig war. Durch die Heirat meiner Schwester gab es im Haushalt eine Person weniger – sechs Personen, die Eltern und vier Kinder: ich (18), Stanislaw (14), Josef (9), Wladyslaw (5).

Nach der Arbeit in der Werkstatt fuhr ich vom Bahnhof Chorzów-Stary um 15:00 Uhr mit dem Zug nach Bytom. Die Lehrstunde im Lyzeum (später Technikum) begann um 16:30 Uhr und endete um 20:00 Uhr. Danach fuhr ich mit der Straßenbahn zum Bahnhof in

Piekary Śląskie (Deutsch Piekar), von wo ich mit dem Zug um 20:55 Uhr nach Hause fuhr. Zu Hause kam ich dann gegen 21:30 Uhr an, im Winter manchmal viel später, wenn der Zug mit Verspätung ankam.

In den fünf Wochentagen aß ich tagsüber nur Brote, die ich von zu Hause mitgenommen hatte. In Bytom gab es einige Milchbars, da konnte man gut belegte Brötchen mit Käse, Milchgetränke, Milchsuppen und Tomatensuppe bekommen. Manchmal besuchte ich die Milchbars, bevor ich das Schulgebäude betrat, um eine warme Suppe zu mir zu nehmen. Täglich die Bars zu besuchen, um dort etwas Warmes zu essen, war für mich zu teuer. So kam ich meistens abends sehr hungrig zu Hause an und wollte ein warmes Hauptgericht mit Fleisch zu mir nehmen. Aber in der Zeit war Fleisch in Polen Mangelware. Man konnte in den staatlichen Metzgerläden kaum Fleisch kaufen. Um ein Stück Fleisch zu bekommen, hätte man zeitig am Tage am Metzgerladen anstehen müssen. Dafür hatte meine Mutter keine Zeit, und zweitens standen manchmal die Frauen umsonst vor dem Metzgerladen, da an dem Tag kein Fleisch geliefert wurde.

Ein Freund Jan, mit dem ich mich im Technikum angefreundet hatte, wohnte in Siemianowice Śląskie (Siemianowitz). Neben dem Haus, wo er wohnte, war ein Pferdemetzger. Öfters an Samstagen besuchte ich ihn, wo wir zusammen einige Hausaufgaben machten. Als wir einmal hungrig waren, holte er Pferdewurst. Die Wurst war gut gewürzt und schmeckte mir auch. Einmal holte ich die Wurst und sah, dass viele Leute dort Pferdefleisch kauften. Davon erzählte ich meiner Mutter und bat sie, dort auch einmal Pferdefleisch zu kaufen.

Als ich einmal am Abend nach Hause kam und zum Essen kein Fleisch da war, meckerte ich und sagte zugleich meiner Mutter, sie solle doch zu dem Pferdemetzger fahren, um dort Pferdefleisch zu kaufen. Darauf bekam ich von der Mutter keine Antwort. Nach einiger Zeit gab es wieder einige Tage fleischlose Gerichte, da meckerte ich wieder und forderte jetzt mit Nachdruck meine Mutter auf, endlich zu dem Metzger zu fahren und das Pferdefleisch zu kaufen. Darauf sagte meine Mutter: *„Du frisst das Pferdefleisch schon seit drei Monaten, aber an manchen Tagen habe ich keine Zeit, um zu dem Metzger zu fahren."* Ich bemerkte jedenfalls nicht, dass die Rouladen und Klopse, die ich in den drei Monaten aß, aus Pferdefleisch waren. Sie waren gut abgeschmeckt, obwohl meine Mutter das Essen zum Abschmecken nicht probierte hatte, denn ihr würde schon schlecht sein, als sie das Essen zubereitete.

Im Januar 1951 rief mich am Arbeitsplatz, wo ich als Schlosser gearbeitet habe, der Gymnasiumslehrer für technisches Zeichnen an. Er fragte mich, ob ich Lust hätte, in einem Konstruktionsbüro als Jungkonstrukteur zu arbeiten. Natürlich, sagte ich zu ihm. So gab er mir die Anschrift einer Erzgrube und die Telefonnummer einer Person, mit der ich mich in Verbindung setzen sollte. Die Erzgrube lag in Bytom (Beuthen). Ein paar Tage später rief ich die Person an und vereinbarte einen Vorstellungstermin, bei dem ich mich dann auch vorgestellt habe. Es war ein älterer Herr, Leiter des Konstruktionsbüros, wo ich eventuell arbeiten könnte. Dabei hatte ich die Zeugnisse des Fachgymnasiums, der belegten Kurse und einige Zeichnungen, welche ich für die Schule gezeichnet hatte.

Nach einem Gespräch sagte er mir, dass ich die Bewerbungsunterlagen bei der Personalabteilung abgeben solle und ich demnächst mit der Arbeit beginnen könne. Wir vereinbarten, dass ich die Arbeit ab dem 15. Februar 1951 aufnehmen würde, da ich erst die jetzige Beschäftigung kündigen müsse. Nach zwei Wochen war die Kündigungsfrist abgelaufen, und ich war frei für die Tätigkeit als Jungkonstrukteur.

Den drei ausbildenden Meistern aus der Schulwerkstatt gefiel das nicht, dass ich den Betrieb, wo ich als Schlosser arbeitete, verlassen würde. Denn sie sagten mir, dass ich schon im Gespräch war, mich in die Schulwerkstatt zu holen. Ich sollte vorher den Meister im Schlosserhandwerk machen und als ausbildender Meister in der Schulwerkstatt arbeiten. Denn einer von den drei Meistern sollte in zwei Jahren in Rente gehen, und ich sollte dann seinen Arbeitsplatz übernehmen. Ich blieb jedoch dabei, in einem Konstruktionsbüro als Jungkonstrukteur zu arbeiten.

Am 15. Februar 1951 habe ich als angestellter Jungkonstrukteur im Konstruktionsbüro die Arbeit aufgenommen und arbeitete am Reißbrett oder am Schreibtisch. Das Konstruktionsbüro befand sich auf dem Gelände der Erzgrube, wo bis zum Kriegsende Nichteisenerze (Blei) im Untertagebau abgebaut und im Flotationsverfahren weiter verarbeitet wurden. Die Siegermächte plünderten den Betrieb aus und ließen nur die leeren Gebäude stehen.

Im Jahr 1950 begann der Aufbau dieses Betriebes. Erst wurden die Zeichnungen von den Betriebsgebäuden erstellt und dann die Bauplanung, Konstruktion, um den Betrieb wieder instand zu setzen. Für mich war das ein guter Berufsanfang, am Reißbrett für die Planung und die Konstruktion einer Anlage zu arbeiten. Von Vorteil war auch, dass die Arbeitsstätte in einem Stadtteil von Bytom lag, und das nur ca. 3 km entfernt von dem Gebäude des Technikums. Ein weiterer Vorteil war auch der, dass wir im Büro alle Deutsche waren, und so konnten wir uns ungehindert in deutscher Sprache unterhalten, was in der Zeit ungern gesehen und toleriert wurde.

Die Arbeitszeit begann um 7:00 Uhr und endete um 15:00 Uhr. Zur Arbeit fuhr ich mit der Bahn vom Bahnhof in Dąbrówka Wielka bis zum Bahnhof in Szarlej (Scharley). Dann weiter ca. 3 km durch ein unbewohntes Gebiet, bis ich meinen Arbeitsplatz erreichte. Nach der Arbeit fuhr ich mit dem Bus zum Technikum, oder ging bei schönem Wetter sogar zu Fuß. Am Abend fuhr ich mit der Straßenbahn und mit dem Zug nach Hause – so wie ich es schon berichtet hatte. An der Arbeitsstätte bekam ich drei Tonnen Deputat Kohle, da ich jetzt im Bergbau arbeitete. Und so fuhr ich nicht mehr zu den Halden, um Kohle zu sammeln. Ich machte auch keine Hausbesuche mehr, um Haare zu schneiden, da ich mich nur auf die Arbeit und die Schule konzentrieren musste.

Am ersten Arbeitstag wurde ich zu einer Erzgrube geschickt, um dort an der Grubenpforte einen Dreieckständer, an dem die Personalnummernmarken der Arbeiter hingen, in Skizzen aufzunehmen. Im Büro machte ich dann die Werkstatt-Zeichnungen, nach denen wurden in einer Firma zwei solche Ständer für unsere Grube angefertigt. Die zwei angefertigten Dreieckständer standen dann in unserer Grubenpforte, wo auch meine Personal-Nummermarke hing, die mir jeden Tag durch den/die Pförtner/in ausgehändigt wurde. Nach der Arbeit musste ich sie wieder beim Pförtner abgeben.

Jeder Arbeiter bzw. Bergmann war unter einer Personalnummer geführt, und diese Nummer war auf einer Metallmarke – runde, dreieckige und viereckige – ausgestanzt, diese hingen an einer Seite des Dreieckständers. Also, z. B.: für die Frühschicht war die runde Marke bestimmt, für die Spätschicht die dreieckige usw. Den Ständer konnte man drehen, damit die entsprechende Schichtseite immer zum Markenausgabefenster stand. Der Ständer war auch von innen beleuchtet, so waren die Nummern auf den Marken durchgeleuchtet und gut zu sehen.

Die Personalnummermarken waren zugleich eine Kontrolle, ob der Bergmann bzw. der Arbeiter sich in der Grube befand oder sie schon verlassen hatte. Für mich war das eine tägliche Freude, da ich mir ansehen konnte, was nach meiner angefertigten Zeichnung fertiggestellt wurde.

Nach einer sechsmonatigen Arbeitszeit wurde ich zum Konstrukteur versetzt, und mein Monatsgehalt wurde erhöht. Anfangs arbeiteten im Konstruktionsbüro sechs Personen: Abteilungsleiter, drei Konstrukteure, eine technische Zeichnerin und eine Person für alles – Botin, Archivarin und Erstellerin von Lichtpausen.

Die technische Zeichnerin beschäftigte sich vorwiegend mit dem Zeichnen von verschiedenen Maschinenteilen. In der Arbeitsgruppe war ich der Jüngste – 19 Jahre alt. Die Zeichnungen wurden von den Konstrukteuren mit Bleistift auf Pauspapier gezeichnet, dann getuscht und mit der Hand beschriftet, da es keine Schriftschablonen gab. Die Lichtpausen (Blaupausen) wurden in einem verglasten Rahmen erstellt, wo die Zeichnungen auf das Kontaktpapier gelegt wurden, und an der Sonne belichtet. Dann in einem Kasten mit Ammoniak entwickelt, da wir keine Lichtpausmaschine hatten.

In meinen Schuljahren traf ich auf Personen, die mich wohl gern hatten. Das spürte ich daran, dass sie mich immer wieder zum Lernen motivierten. Jetzt im Berufleben traf ich wiederum auf weitere Personen, die mich wohl auch gerne hatten. Das spürte ich daran, dass sie mir halfen, komplizierte Projekt- und Konstruktionsarbeiten auszuarbeiten.

Die erste Person war der Abeilungsleiter, Herr Ing. Zając – ein Oberschlesier, der mir mit seinem theoretischen und praktischen Fachwissen freundlich und geduldig einige Projekt- und Konstruktionsarbeiten auszuarbeiten geholfen hatte. Er hat immer ein offenes Ohr für mich gehabt, und einmal sagte er mir: *„Wenn du ein guter Fachmann sein willst, dann musst du immer gut zuhören, wenn dir ein „Kleiner Mann" etwas zu deiner Arbeit sagt, denn unter 100 Tipps kann einer wertvoll sein."* Die Worte habe ich nicht vergessen, und ich habe diese in meinem Berufsleben auch angewendet.

Die zweite Person war der Betriebaufbauleiter, Herr Ing. Mruzek – ein Oberschlesier. Herr Mruzek war nicht immer freundlich und geduldig im Umgang mit uns – mit mir. Bevor er ins Konstruktionsbüro hereinkam, schimpfte er schon sehr laut. Als Schimpfwörter benutzte er schlesische schmähliche Wörter. Die technische Zeichnerin sagte ihm einmal, er solle bitte nicht so viel mit uns schimpfen. Darauf sagte er: *„Zu Hause muss ich den Mund halten, und so lasse ich den Frust hier her-*

aus." Ich nehme an, dass er nur aus Freude so mit uns geschimpft hatte und nicht ernsthaft. Er verlangte nicht nur von mir schnelle und gute Arbeit. Manchmal sah das so aus, dass die Arbeit von morgen schon gestern fertig sein sollte.

Eines Tages war ich mit einigen Zeichnungen in seinem Büro. Die Bearbeitung des Projekts, die ich ihm vorgelegt hatte, gefiel ihm nicht, und so schimpfte er mit mir. Dann packte er die Zeichnungen, machte die Tür auf, schmiss die Zeichnungen auf den Korridor und sagte zu mir: *„Jetzt raus!"* Ich ging heraus und er schlug die Tür hinter mir zu. Am nächsten Tag war er wieder bei uns ins Büro und sagte zu mir: *„Rückwirkend vom ..... bekommst du Gehalterhöhung, denk nicht, dass ich mich damit bei dir entschuldigen will. Ich muss mit dir so streng umgehen, denn anders wirst du nicht lernen, mit dem Kopf und den Augen zu arbeiten."*

Ich habe mich mit einem Handschlag bei ihm bedankt. Ja, er war für mich wie ein Vater, der mit einer Hand schlägt und mit der anderen streichelt. Dank seiner Einstellung erhielt ich eine gute Grundlage für meine späteren Stellungen als Oberkonstrukteur und Anlagebauplaner für Nichteisenmetalle. Berufe, die ich bis zu meinem 15. Lebensjahr nicht kannte, und in denen ich bis zur Rente geblieben bin.

In den zwei Technikumjahren 1950/51 und 1951/52 besaßen wir keine Lernbücher in polnischer Sprache. Das ganze Lernmaterial wurde uns durch das Lehrpersonal in Kopien (Blaupausen) ausgehändigt, oder wir mussten von der Tafel abmalen bzw. abschreiben. Viele Lernbücher und technische Bücher in deutscher Sprache bekam ich aus der DDR (Deutsche Demokratische Republik). Die bekam ich nämlich von meinem Cousin Martin Makiela, der in der DDR Ingenieurwesen studierte. Martin erwähnte ich schon, als er mit seinen Eltern bei uns zu Besuch im Jahr 1942 war. Die Bücher waren mir auch behilflich im Beruf und im weiteren Studium.

Meinen Zweiwochenurlaub für das Jahr 1952 verwendete ich nur für die Vorbereitung auf die Abiturprüfung im Technikum. Mit 20 Jahren habe ich im Jahr 1952 die technische Fachschule mit Fachabitur abgeschlossen.

Im Juni 1952 bewarb ich mich an der Technischen Hochschule – Abendstudium im Ingenieurwesen – Mechanische Fachrichtung. Zu den Bewerbungsunterlagen brauchte ich einen Führungszeugnis sowie die Zustimmung des Arbeitgebers und noch ein Führungszeugnis von der Gemeinde meines Wohnortes, die ich bestellte. So war dem Arbeitsgeber und der Gemeindeverwaltung meines Wohnorts bekannt, dass ich an der TH studieren wollte.

Was für ein Führungszeugnis mir der Arbeitsgeber und die Gemeinde ausgestellt hatten, das war mir nicht bekannt. Solche Führungszeugnisse wurden vor dem Antragsteller geheim gehalten und direkt der TH zugeschickt. Nach einer Aufnahmeprüfung wurde ich für das Studiumsjahr 1952/53 aufgenommen.

Aber mit 20 Jahren war ich verpflichtet, den polnischen Wehrdienst anzutreten. Um zu studieren, musste ich bei der zuständigen Bezirksbehörde einen Antrag stellen, um die Befreiung von der Wehrpflicht zu erhalten. Mein Antrag wurde schnell abgelehnt, ohne den Grund zu nennen. Ich erschien dann persönlich bei der zuständigen Bezirksbehörde und wollte dort den Grund der Absage erfahren. Die Bezirksbehörde teilte mir mit, dass man ein Abendstudium auch in ein Fernstudium umwandeln könne, oder man auch erst nach der Wehrpflicht studieren könne. Mein dabei eingelegter Widerspruch wurde nicht beantwortet. Vielleicht war ein anderer Grund, dass in dem Jahr so viele zum Wehrdienst berufen wurden. Zwischen den kommunistischen und den westlichen Weltmächten roch es nach einem Krieg, und so brauchten sie wohl viele Soldaten.

Mein Studienfreund aus Siemianowice wurde von der Wehrpflicht befreit. Ich aber nicht, da stellte ich mir die Frage, warum ich nicht?

Warum ich nicht? Die Recherchen meines Vaters und von Freunden ergaben, dass mein Arbeitgeber mit den Studium einverstanden war, und er hatte mir auch ein gutes Führungszeugnis ausgestellt. Aber die Wohnortgemeinde stellte mir ein schlechtes Führungszeugnis aus. Warum?

Im Frühjahr 1952 organisierte an einem Werkstag die Vereinigte Polnische Arbeiter Partei „PZPR" für Jugendliche einen Tanzabend. Den Eintritt musste man selber bezahlen. Mit einigen Freunden war ich dabei. Die Musikkapelle spielte etwas zum Tanz, und zwischendurch hatte ein Genosse immer wieder ein politisches Referat gehalten. Ich nehme an, um die Jugendlichen politisch aufzuklären, denn da stand irgendeine Wahl in Polen bevor. Der Tanzabend, das war nur ein Trick, denn zu einer politischen Versammlung wären nur einige Jugendliche gekommen. Und zum Tanz, da war der Saal voll von Jugendlichen. Die Jugendlichen war nicht gewillt, sich die Referate anzuhören, und störten den Referenten mit lautem Gespräch, und so riefen die Genossen immer wieder: *„Ruhe", „Ruhe....!"*

Nun bat ich den Referenten, mit dem Referieren aufzuhören, da wir uns auf einen Tanzabend befänden und nicht an einer politischen Versammlung. Die Jugendlichen stimmten mir mit stürmischem Beifall zu. Da standen auf einmal die Genossen (die Veranstalter des Tanzabends) zusammen und unterhielten sich. Danach kam einer von ihnen zu mir und bat mich, mit ihm aus den Saal in den Nebenraum zu gehen. Ich war damit einverstanden und ging mit ihm aus dem Saal heraus. Dort sagte er mir, dass ich nach Hause gehen solle, wenn mir das Programm des Tanzabends nicht gefiele. Damit war ich einverstanden und wollte mein Eintrittsgeld zurück haben. Damit war der Genosse nicht einverstanden und drückte mich zum Ausgang. Ich leistete dem Genossen Widerstand und wollte zurück in den Saal. Verärgert sagte er: *„Ich habe dir gesagt, du sollst nach Hause gehen!"*, und zugleich verpasste er mir eine Ohrfeige, darauf bekam er von mir auch eine. Es kam mit ihm zu einer

Schlägerei, bei der uns die zwei verbliebenen Genossen getrennt hatten. Danach wollte ich nach Hause gehen, aber die drei Genossen erlaubten es mir nicht und riefen die örtliche Polizei (MO – Bürger Miliz) zu Hilfe. Später erfuhr ich, dass der Schlägergenosse der I. Parteisekretär der Vereinigten Polnischen Arbeiterpartei (PZPR) in unserem Ort war.

Es hat lange gedauert, bis die Polizei kam, da sie kein Fahrzeug hatten. Es kam ein Polizist und ein Hilfspolizist (ORMO – Freiwillige Bürger Miliz Reserve). Die Genossen übergaben mich der Polizei, und die nahmen mich zur Polizeidienststelle mit, um den Vorfall protokollarisch festzuhalten. Das, was die Polizisten da zu Protokoll gegeben hatten, wurde mir vorgelesen, und ich sollte es unterschreiben. Das wollte ich nicht, denn ich wollte es vorher selber lesen. Der Polizist hat mich am Kragen gepackt und zum Schreibtisch gebracht und sagte zu mir: *„Hier, unterschreibt das!"* – *„Bevor ich das nicht gelesen habe, unterschreib ich nicht"*, sagte ich. Da kam ich wieder mit den Polizisten ins Wortgefecht, und der Polizist schlug mich ins Gesicht. Ich schlug zurück, dann gingen die beiden, der Polizist und Hilfspolizist, auf mich los und verprügelten mich blutig. Am Ende steckten sie mich in polizeilichen Arrest.

Mein schöner Anzug war zerrissen und mit Blut verschmiert, er war nicht mehr zu tragen. In den über 24 Arreststunden schaute kein Polizist herein, um zu sehen, wie es mir ginge. In der Zeit bekam ich nichts zum Essen und Trinken und konnte nicht auf die Toilette gehen. Ich machte mich zwar durch Klopfen an der Stahltür bemerkbar, aber das hatte wohl die Polizei nicht interessiert.

Als ich an dem Tanzabend nicht nach Hause kam, machten sich meine Eltern keine Gedanken, dass mir etwas passiert sein könnte, da ich manchmal nach einem Tanzabend (damals gab es keine Discos) bei meinem Freund Josef übernachtete und von ihm am nächsten Tag zur Arbeit gefahren bin. Als ich aber am nächsten Tag am Abend immer noch nicht zu Hause erschienen war, machten sich meine Eltern Sorgen um mich. Meine Mutter ging zu meinem Freund, um dort zu erfahren, wo ich mich befände. Der sagte meiner Mutter, dass ich früh am Abend nach Hause gegangen sei, weil mich dort die politischen Referate gestört hätten. Wohin ich verschwunden war, dass wusste er nicht. Er wusste aber, dass ich einen Streit mit den Veranstaltern des Tanzabends hatte.

Nun ging meine Mutter zu dem Mann, der die Referate gehalten hatte. Er war der 2. Parteisekretär der PZPR und zweiter Bürgermeister in unserem Ort. Der Genosse wusste auch nicht, wo ich mich befinden könnte. Er wusste nur, dass ich mit der Polizei auf die Polizeidienststelle gegangen war, um dort meine Beschwerde zum Protokoll bringen. Der Genosse beschloss, mit meiner Mutter zu der Polizeidienststelle zu gehen, um dort etwas über mein Verschwinden zu erfahren. Da erfuhren sie, dass ich mich wegen der Schlägerei mit der Polizei im Arrest befand. Und dass ich am nächsten Tag dem Haftrichter in Tarnowskie Góry (Tarnowitz) vorgeführt würde. Da ordnete der Genosse an, mich gleich aus dem Arrest freizulassen. Die Polizei ließ mich frei, aber wies darauf hin, dass mir noch ein Gerichtsverfahren bevorstünde. Denn für Beleidigung oder Schlägereien mit der Bürgerpolizei wurde eine Freiheitsstrafe verhängt. Junge Menschen wurden in Erziehungsheime gebracht oder zum Wehrdienst berufen, um ihnen dort die kommunistische Erziehungsideologie beizubringen. Die Polizei konnte die Bürger straffrei schlagen. Mein Vorfall mit der Polizei war in unserem Ort nicht der erste und nicht der letzte. Einige wurden mit Haftstrafen bis zu einen Jahr Arbeitslager (Arbeit unter Tage) bestraft.

Am nächsten Tag nach der Freilassung ging ich zum Arzt, meine Nase war geschwollen, und am Körper gab es einige blutige Wunden und viele blaue Flecke. Der Arzt versorgte mir die Wunden und schrieb mich zehn Tage krank. Als ich mich wieder an meinem Arbeitsplatz meldete, da begrüßten mich meine Arbeitskollegen wie einen Helden. Ein Gerichtsverfahren gegen mich fand jedoch nicht statt. Ich nehme an, dass einer von den drei Genossen sich dafür eingesetzt hat, und so kam es nicht zu einem Gerichtsverfahren. Die drei Genossen waren Ansässige unseres Ortes, die meine Eltern kannten, aber mich nicht. Die Polizisten wohnten nicht in unserem Ort und waren keine Oberschlesier.

Nach dem Vorfall mit den Genossen und der Polizei hatte ich immer Probleme mit meiner Nase. Das linke Nasenloch war stark verstopft. Die Eltern machten mich immer darauf aufmerksam, dass ich in der Nacht mit offenem Mund atmete. Ich wusste, dass seit der Schlägerei mit der Polizei die Nase nicht in Ordnung war. Ich besuchte auch einige Male den HNO-Arzt, aber die Nasenverstopfung blieb weiter. Erst 25 Jahre später, da wohnte ich nicht mehr in Polen, fragte mich nach Röntgenaufnahmen der Nase ein HNO-Arzt, ob ich Boxer oder an Schlägerei beteiligt gewesen war. Denn mein linkes Nasenloch war durch schiefe Lage des Nasenbeins stark blockiert. Das Nasenbein war nämlich nach einem Schlag gebrochen und wieder zur linken Seite des Nasenlochs angewachsen. Nach einer Nasenoperation wurde das schiefe Teil des Nasenbeins abgemeißelt und wieder in die Mitte des Nasenbeins gesetzt. Seit der Zeit kann ich wieder problemlos durch die Nase atmen. Auf diese Art produzierten die Genossen der PZPR und die Bürgerpolizei in der kommunistischen Volksrepublik Polen sogar an einem Tanzabend Kriminelle und Krüppel. Damit der Bürger immerzu den Mund hält und zuhört, was sie dir sagen und befehlen.

Der Vorfall mit den Genossen und der Polizei war der Grund, dass ich ein schlechtes Führungszeugnis von der Gemeinde meines Wohnorts bekam. Da mein Widerspruch nicht beantwortet wurde, war mir klar, dass ich am 20. Oktober 1952 den Wehrdienst antreten musste. Der Wehrdienst dauerte damals zwei bis drei Jahre, das hing davon ab, in welcher Formation man diente. Kürzer dienten Soldaten, die im Bergbau unter Tage gearbeitet hatten.

Die zuständige Bezirksbehörde, in der ich den Antrag für die Befreiung von der Wehrpflicht gestellt hatte, gab mir einen guten Tipp, nämlich den, ich solle das Ingenieurstudium als Fernstudium machen. Ich meldete mich an der TH um zum Fernstudium des Ingenieurwesens – Fachrichtung: Anlagenbauplanung. Das Studium konnte ich unter der Bedingung führen, dass ich zu einigen Konsultationstagen persönlich anwesend sei. In meinem Falle stellte sich nur die Frage, ob ich für die Konsultationstage beim Militär Urlaub bekäme. Jedenfalls nahm ich die Angelegenheit ernst und bekam in kurzer Zeit das erste Lernmaterial.

Als Ing. Mruzek erfuhr, dass ich zum Militärdienst gehen musste, war er verärgert, dass er nicht früher davon erfahren hatte. Sonst hätte er einen Antrag gestellt, um mich aus Betriebsgründen vom Militärdienst zurückzustellen. Aber eine Zurückstellung war immer nur für ein Jahr. Im nächsten Jahr war man wieder wehrpflichtig, konnte zum Wehrdienst einberufen werden. Und so einige Jahre lang in der Ungewissheit zu leben, zum Wehrdienst einberufen zu werden, das gefiel mir nicht.

Bis zu meinem Alter von 20 Jahren, zu der Zeit, bevor ich zum Wehrdienst einberufen wurde, lernte ich einige Mädchen kennen, aber das waren nur kurze freundschaftliche Bekanntschaften. Auch wegen des Abendstudiums im Technikum und der harten beruflichen Aufgaben, die ich nach den Worten von Ing. Mruzek: *„(...) Ich muss mit dir so streng umgehen, denn anders wirst du nicht lernen, mit dem Kopf und den Augen zu arbeiten",* mit Kopfzerbrechen ausführen musste. Und letztlich wegen dem bevorstehenden Studium bzw. auch dem möglichen Wehrdienst interessierten mich Mädchen wenig. Einige Freundinnen schenkten mir ihre Fotos, und das mit der Widmung: *„Zur ewiglicher Erinnerung"* bzw. *„Zum Andenken".* Die Widmungen nahm ich ernst, und die mir geschenkten Fotos befinden sich noch heute, im Jahr 2017, in meinem Besitz, folgend zwei davon, Franziska, sie schenkte mir ihr Foto 1947, und Renate, im Jahr 1951.

Die zwei Mädchen waren gute Freundinnen, aber verliebt waren wir nicht, und so dauerte die Freundschaft auch nicht lange. Vielleicht war es auch ein anderer Grund, dass die Freundschaften nicht von langer Dauer waren. Nämlich im Jahr 1949, mit 17 Jahren, war ich sehr verliebt in Cecilia, und später suchte ich Mädchen (Frauen) ihres Alters, die ihr ähnlich waren – dunkle Augen und Haare.

Während der Schulferien im Jahr 1948, als ich in der mechanischen Werkstatt an der Hobelmaschine zu arbeiten geschult wurde, lernte ich eine junge Frau, mit dem Vornamen Cecilia kennen, die an der Maschine arbeitete. Sie war verwitwet, Mutter eines Soh- 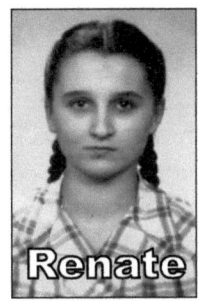 nes und wohnte mit ihrer Mutter zusammen. Ihr Mann, den sie 1943 geheiratet hatte, war im Zweiten Weltkrieg gefallen, und ihr Vater war im Krieg verschollen (vermisst). In der Zeit, als ich bei ihr an der Hobelmaschine arbeiten lernte, spürte ich, dass sie mich mochte, und ich hatte Mitleid mit ihr, dass ihre junge Ehe auf so eine tragische Weise zu Ende gegangen war und dass sie über das Schicksal ihres Vaters nichts wusste.

Cecilia war eine schöne zierliche Frau, mit dunklen Haaren und Augen. Während des Schuljahres 1948/49 besuchte ich sie öfters an ihrem Arbeitsplatz, und wir konnten uns immer gut unterhalten. Zur Arbeit kam sie meistens, wie ich auch, mit dem Fahrrad. Nach der Arbeit sind wir öfters zusammen nach Hause gefahren, denn meine Fahrstrecke ging durch den Ort, wo sie wohnte. Manchmal fuhren wir auf Umwegen nach Hause und machten dabei kleine Pausen, so kamen wir uns immer näher. Im Sommer 1949 haben wir beschlossen, eines Tages, gleich nach der Arbeit, irgendwo ins Grüne zu fahren.

An einem schönen Sommertag sind wir nach der Arbeit ins Grüne gefahren. Unterwegs sagte sie mir, dass sie noch von zu Hause einiges holen müsse. Ich wartete auf sie nicht weit von ihrer Wohnung. Sie kam zurück mit einer großen Tasche, und wir fuhren zu einem kleinen Weiher. Dort suchten wir uns einen schönen Platz etwas versteckt aus. Aus der Tasche nahm sie eine Decke heraus und legte sie auf den Boden, und wir machten es uns bequem. Sie packte dann zwei große Stücke Käsekuchen und eine Thermosflasche mit Kaffee aus. Sie wusste schon, dass ich sehr gerne Käse- und Mohnkuchen esse. Mit Kuchen und Kaffee begann unser Ausflug. Wir unterhielten uns über verschiedene Themen und kamen immer näher zueinander, bis wir uns küssten. Das waren meine ersten Küsse mit einer weiblicher Person.

Zum ersten Mal erlebte ich, wie schön es ist zu küssen, dazu mit einer Frau, die wusste, wie man küsst. Während der Küsse landete ich irgendwie auf ihrem Körper, und sie war damit einverstanden, da sie nichts sagte. Was sollte sie denn auch sagen, sie brachte mich doch hierher, um etwas Spaß mit mir zu haben, was mir auch bewusst war. Mit ihrer Hilfe kam es dann auch zum Geschlechtsverkehr. Für mich war das nicht nur ein Erlebnis, ich wusste von jetzt an, wie man die Sache angehen soll. Wie gesagt: *„Übung macht den Meister."*

In Cecilia spürte ich, dass ich einen Menschen kennen gelernt habe, der mich liebt, was ich bis dahin so nicht kannte. Spät am Nachmittag packten wir unsere Sachen und fuhren mit den Fahrrädern nach Hause. Sie war damals 24 und ich 17 Jahre alt. Mit dem Ausflug ins Grüne endete unsere intime Beziehung nicht. Sie war sogar noch lebhafter geworden, und wir trafen uns nicht mehr im Grünen, sondern in ihrer Wohnung oder in ihrem Schrebergarten, wo sie eine Hütte hatten. Das erste Mal kam ich in ihre Wohnung, um ihrem Sohn Thomas (5 Jahre alt) die Haare zu schneiden, und im Schrebergarten trafen wir uns zum Grillen und um den Garten zu pflegen. Dort war immer etwas zu tun – Erde umgraben, Wasser bringen, um Beete, Blumen usw. zu gießen. Diese Vorwände gaben uns die Möglichkeit, ungestört nicht nur intim zu bleiben, aber auch unter ihrer Kontrolle etwas zu lernen. Ihre Mutter wusste bestimmt, dass wir in einer intimer Beziehung standen, denn sie ging mit ihrem Enkel öfter spazieren oder zu ihrer Schwester, wenn ich bei ihnen war.

Heute, im Jahr 2017, würde sich Cecilia mit so einer intimen Beziehung mit einem Minderjährigen strafbar machen – warum eigentlich? Den jungen Menschen überbringen doch die älteren Menschen ihre theoretischen und praktischen Erfahrungen – warum nicht die praktischen Liebeslehren? Ich kann nicht verstehen, warum im TV keine Sex- bzw. Pornofilme ausgestrahlt werden – Filme, die zeigen, wie man einen Menschen zeugen kann bzw. das Liebes- und Geschlechtsleben der Menschen. Aber Kriminalfilme werden ausgestrahlt – Filme, die zeigen, wie man einen Menschen blutig schlagen und auch töten kann. Solche Filme, wo Menschenblut fließt und wo Menschen getötet werden, sehe ich mir nicht an. Aber einen Sex- bzw. Pornofilm möchte ich mir gerne ansehen, denn solche beleben den Alltag und machen nicht traurig.

Die heutige Jugend weißt, dass zur Empfängnisverhütung die Antibabypille dient und dass das Kondom für den Schutz vor Geschlechtskrankheiten anzuwenden ist. Die Antibabypille holen den Mädchen meistens ihre Mütter beim Frauenarzt, und so können sie dann mit Jungs den Geschlechtsverkehr hemmungslos ausüben.

Ich verdankte jedenfalls Cecilia viel, denn von ihr erhielt ich theoretische und praktische Schulung, zum Mann zu werden. Sie ermutigte mich auch immer, zu lernen und am Gymnasium zu bleiben. Ich war in sie so verliebt, dass ich bereit war, sie eines Tages zu heiraten. Dank der schönen Zeit mit ihr konnte ich in späteren Jahren den Sex besser verstehen und ausüben. Sie brachte mir auch bei, was zu tun ist, um keine Kinder zu zeugen. Die damals praktizierten Empfängnisverhütungsmethoden waren mir bis dahin unbekannt: Abbruch des Geschlechtverkehrs vor dem Samenerguss, Benutzung eines Kondoms und durch Berechnung der Empfängnistage nach der Knaus-Ogino-Methode. Eine Antibabypille gab es damals nicht. Jedoch alle drei genannten Empfängnisverhütungsmethoden garantierten nicht die hundertprozentige Empfängnisverhütung. Und so wollten die jungen Mädchen aus Angst, schwanger zu werden, keinen Sex. Kondome waren mir bekannt, da mein Vater solche im Friseursalon zum Verkauf hatte. Aber dass diese zur Empfängnisverhütung dienten, das wusste ich nicht. Mir war nur bekannt, dass die Kondome ausschließlich zum Sex mit fremden Frauen verwendet werden sollten, um sich vor Geschlechtskrankheiten zu schützen. Als ich jünger war, habe ich schon manchmal ein Kondom geklaut, mit Freunden Luft hineingeblasen und damit Kopfball gespielt.

Die enge Beziehung zu ihr dauerte bis Mitte des Jahres 1951, da war ich inzwischen 19 Jahre und sie 26 Jahre alt. Anfang des Jahres 1951 wechselte ich meinen Arbeitsplatz und arbeitete in einem anderen Betrieb und einer anderen Stadt. In den Jahren 1952/54 absolvierte ich meinen Wehrdienst, und so schlief unsere zweijährige Beziehung langsam ein, aber wir waren noch einige Jahre telefonisch bzw. schriftlich in Verbindung. In den Nachkriegsjahren, ab dem Jahr 1945, waren viele erwachsene Mädchen bzw. Frauen von Cecilias Jahrgang unverheiratet oder wie sie verwitwet. Viele junge Männer der Jahrgänge sind im Krieg gefallen. Die wenigen Männer, die nicht im Krieg waren oder aus der Gefangenschaft zurück gekommen sind, waren verheiratet. Und so versuchten viele der erwachsenen Mädchen bzw. Frauen mit viel jüngeren Männern bzw. Jungs etwas Spaß zu haben. Was z. B. Cecilia mit mir gelungen ist. Einige der Frauen haben auch jüngere Männer als sie geheiratet. Ich kannte ein Ehepaar, wo sie elf Jahre älter war als er. Sie schenkte ihm drei Kinder, und als er im Alter von 80 Jahren demenzkrank war, pflegte sie ihn zu Hause, und sie überlebte ihn sogar einige Jahre. Also: *„Liebe kennt keine Altersgrenze.“*

Nach 1945 kamen immer mehr junge Männer aus verschiedenen Regionen Polens nach Oberschlesien, um in der Industrie, in Zechen usw. zu arbeiten. Es waren verheiratete und unverheiratete Männer – mit und ohne Qualifikation. Einige von ihnen guckten sich nach unseren Mädchen um und auch umgekehrt.

Cecilia belegte einige Buchführungskurse und arbeitete später in der Buchführung der Stickstoffwerke. In dem Werk lernte sie einen Mann kennen, der dort auch als Angestellter tätig war. Im Jahr 1954 hat sie ihn geheiratet. Sie 29 Jahre und er 25 Jahre alt. Sie schickte mir damals ein Hochzeitsfoto, welches sich noch heute in meinem Besitz befindet. Ich habe auch noch ein weiteres Foto mit ihr, da waren wir bei einem Betriebsauflug in Warschau. In den späteren Jahren trafen wir uns durch einen Zufall. Sie erzählte mir, dass sie zum zweiten Mal Mutter eines Sohnes geworden sei, der den Namen Heinrich trage. Sie konnte mich wohl lange nicht vergessen und ich wohl sie auch nicht, wenn ich sie in meiner Biografie erwähne. Nach der Zeit mit Cecilia interessierten mich junge Mädchen nicht so richtig. Denn mit den Mädchen meines Alters konnte man sich nur unterhalten, denn küssen oder irgendwo am Körper anfassen, das ließen sie nicht zu. Die Mädchen waren im christlichen Glauben erzogen, und das so etwas vor der Hochzeit zu tun Sünde sei, die man bei der Ohrenbeichte dem Priester bekennen müsse. Die Beichte war für die Mädchen und Jungs sehr beschämend, da meistens der Priester alle persönlich gekannt hatte. Fast alle Mädchen in unserem Ort gehörten der Marien-Kongregation an, gingen jeden Monat zur Beichte mit Empfang der Hl. Kommunion. Geschlechtsverkehr war auch eine Sünde für verheiratete katholische Christen, wenn sie beim Sex eine von den schon erwähnten Empfängnisverhütungen in Anspruch nahmen. Sie mussten dann auch dem Priester die Sünde bei der Ohrenbeichte bekennen. Kein Wunder, dass die Familien so kinderreich waren.

Im Juli 1976 war ich mit Bekannten beim „Treffen der Oberschlesier". In der Zeit lebte ich seit drei Jahren in Leverkusen. Man bewegte sich durch die Hallen, saß an einem der vielen aufgestellten Tische und guckte sich um, um Bekannte in der Menschenmasse zu finden bzw. zu sehen. Ich saß mit einigen Bekannten an einem Tisch, und wir unterhielten uns. Man blickte dabei immer nach den vielen Menschen, die vorbei gegangen sind, aber auch auf die, die an den Nebentischen saßen, um vielleicht noch ein bekanntes Gesicht zu sehen. Da sah ich auf einmal, dass eine Frau vom Nebentisch mich ansah, so schenkte ich ihr auch einige Blicke. Bei einem Blick hatte sie mich angelächelt und ich sie auch. Sie kam mir zwar bekannt vor, aber wer sie sein könnte, das konnte ich nicht enträtseln. Die Frauen sind doch neugieriger als die Männer, und so kam sie zu mir an den Tisch und fragte mich, ob ich aus Groß-Dombrowka käme. „Ja", sagte ich. „Sie sind der Heinrich Makiela." – „Ja", sagte ich und fügte hinzu: „Cecilia" – ich erkannte ihre Stimme. Wir haben uns herzlich begrüßt und unterhielten uns längere Zeit. Inzwischen war sie 51 und ich 44 Jahre alt. Sie war noch schöner, als ich sie in Erinnerung hatte. Sie lebte seit einigen Jahren in Duisburg. Ihr Vater kam nämlich 1955 aus der russischen Gefangenschaft in die Bundesrepublik Deutschland und holte ihre Mutter zu sich nach Duisburg. Im Rahmen der Familienzusammenführung konnte Cecilia damals nicht mit der Mutter fahren, da sie verheiratet war und eine eigene Familie hatte. In den 60er Jahren kam sie mit ihrem Sohn Thomas die Eltern besuchen und kehrte nicht nach Polen zurück. Einige Jahre später kam ihr Mann mit dem zweiten Sohn Heinrich zu ihr, und sie wohnten in Duisburg. Ihren Mann, der auch dabei war, konnte ich kennen lernen. Wir haben uns noch einige Male beim „Beuthenertreffen" in Recklinghausen gesehen.

Die Jahre von 1952 - 1955

Da ich von der Wehrpflicht nicht befreit wurde, so meldete ich mich am 20. Oktober 1952 bei der Meldestelle in Tarnowskie Góry, O/S (Tarnowitz). An dem Tag meldeten sich sehr viele Wehrpflichtige, und sie wurden immer in Gruppen von 20 bis 30 Mann von einem Offizier abgeholt. Die Offiziere kamen aus verschiedenen Truppeneinheiten in Polen hierher. Die Gruppen marschierten dann mit dem zuständigen Offizier zum Bahnhof in Tarnowskie Góry, von wo sie mit der Bahn zu den Dienstorten gefahren sind.

Am Ende blieb eine Gruppe von 22 Wehrpflichtigen, unter ihnen ich und noch zwei aus meinem Ort. Wir haben uns schon gefreut, dass wir übrig geblieben sind und wollten nach Hause gehen. Es kam dann doch ein Offizier, und das sehr verspätet, der unsere Gruppe abholte. Zum Wehrdienst nahm ich mein Friseurwerkzeug, zum Rasieren und Haarschneiden, mit.

Bis zu einem Dienstjahr waren die Köpfe der Soldaten kahl geschoren. Und so wussten wir, dass, sobald wir in der Kaserne ankommen würden, wir die Köpfe kahl geschoren bekämen. Deshalb habe ich meinen Ortkollegen und sie mir den Kopf kahl geschoren, und das noch bevor wir zum Bahnhof marschierten. Mit der Bahn sind wir dann am nächsten Tag in den frühen Morgenstunden schlapp und hungrig in der vorgesehenen Kaserne angekommen. Es war eine Gebirgsjägertruppeneinheit, die in einem Ort bei Kraków (Krakau) untergebracht war. Ein schöner kleiner Ort mit einer Gebirgslandschaft, und um die 100 km von meinem Wohnort entfernt. Vor dem Eingang der Kaserne wurden wir mit einem Transparent mit folgender Aufschrift begrüßt: *„Herzlich Willkommen!"* Und von der Innenseite des Eingangs aus hätte man angeblich folgende Aufschrift sehen sollen: *„Wir haben euch in der Falle, und jetzt verändern wir euch alle!"*

In der Kaserne der Truppeneinheit wurden wir von zwei Unteroffizieren in Empfang genommen. Da sagte einer von ihnen zu meinem Freund: *„Schön, Sie haben schon eine Glatze."* – *„Ja, mein Freund, der dort sitzt hat mir die Haare geschnitten"*, sagte mein Freund. Da fragte mich der Unteroffizier: *„Sind Sie Friseur?"* – *„Ja"*, sagte ich. Dann fragte er mich, ob ich eventuell auch den anderen die Haare kahl schneiden könnte. *„Ja"*, sagte ich. Wir sind dann in einen Raum gegangen, der für das Haarschneiden vorgesehen war. Dort befanden sich manuelle Haarmaschinen, Scheren, Kämme usw. Die Rekruten unserer Gruppe kamen nach und nach, und ich schor ihnen die Köpfe kahl. Die zwei Unteroffiziere waren Sanitäter aus der Krankenstube. Während ich den anderen die Köpfe kahl schor, fragte mich einer von den Unteroffizieren nach meiner Garderobe- und Schuhgröße. Am Ende schnitt ich dem einen Unteroffizier einen schönen Fassonhaarschnitt.

Nach dem Kahlkopfscheren gaben wir die Zivilsachen ab, gingen unter die Dusche, und danach wurden wir uniformiert. Nach meinen Friseurdienstleistungen war ich alleine unter der Dusche, da die anderen schon längst fertig waren. Meine Uniformsachen waren schon bereitgestellt und sahen wie neu aus, diese waren zwar

sauber, aber benutzt. Daraus sieht man, dass das Haare schneiden mich gleich zum privilegierten Soldaten machte. Später besaß jeder zwei Uniformen, eine für den täglichen Bedarf und die zweite für die Gelöbnisfeier, Wachposten und Ausgang.

Foto: Ich 20, als Rekrut. Kopf kahl geschoren – 1952.

So ein Haarschnitt war bis zu einem Dienstjahr Pflicht. Unteroffiziere und Soldaten im zweiten Dienstjahr konnten die Haare auf Streichholzlänge (ca. 4 - 5 cm) tragen.

Nachdem wir die Uniformen angezogen hatten, wurden wir in einen Speisesaal gebracht und bekamen etwas zum Essen und Trinken. Nach der Stärkung marschierten wir durch die Stadt zu einer anderen Kaserne, wo sich unter anderem eine Unteroffiziersschule befand. Die Truppeneinheit bestand aus drei Kasernen. Die Hauptkaserne – eine sehr alte Kaserne in Quadratform. Die zweite in einer U-Form, wo sich unter anderem die Unteroffiziersschule befand. Die dritte war eine Wirtschaftskaserne, wo sich vorwiegend alles für Pferdegespanne befand. Die Truppeneinheit war nicht motorisiert, und alles wurde mit Pferdegespannen transportiert. Die Offiziere hatten ihre Reitpferde, und so konnten sie sich in den Bergen besser bewegen.

Am Ankunftstag versammelten wir uns auf dem Hof, wo sich die Unteroffiziersschule befand, und wir wurden einzeln aufgerufen und so an die verschiedenen Militärabteilungen verteilt. Ich, mit anderen mir unbekannten Rekruten, wurde der Unteroffiziersschule zugeordnet. Unser Zug bestand aus 14 Soldaten, und wir dienten bei einer Waffenart russischer Bauart, die für Luft- und Bodenverteidigung, Kaliber 12,6 mm, bestimmt war. Normalerweise wurde die Waffe auf einem Pferdewagen transportiert. Aber im schwierigen Berggelände mussten die Soldaten die schweren Teile der Waffe tragen.

Während der Zugfahrt in die Einheit haben wir uns, die Wehrpflichtigen, etwas kennen gelernt. Mit der Glatze, dazu blass im Gesicht und in den Uniformen, konnten wir uns lange Zeit nicht erkennen.

In der Rekrutenzeit wurden wir unmenschlich behandelt, harte preußisch-russische Disziplin. In der Einheit befanden sich auch einige Offiziere, die schlecht polnisch mit russischem Akzent sprachen. Der Militärdienst war sehr hart, die Kälte konnten wir kaum ertragen. Flaues warmes Essen dreimal am Tage, meistens Eintopf (vorwiegend Graupen in verschiedenen Kalibern) mit Brot. Zu den

Fleischgerichten gab es Kartoffeln oder Graupen. Das Essen war portioniert. Zu den Gerichten brachte ich viel „Maggie" mit, denn diese wurden fast ohne Geschmack serviert. Das „Maggie" bekam ich von zu Hause zugeschickt. Wir waren immer hungrig. Uniform musste man in der Wehrpflichtzeit immer tragen, auch im Urlaub. Urlaub? Einen Passierschein oder Urlaub hat man nur für vorbildlichen Dienst erhalten, sozusagen als Belohnung. Es gab Soldaten, die in der zweijährigen Dienstzeit nicht einmal zu Hause waren. Durch meine Friseurdienste und andere Begabungen war ich ein bekannter „Eleve" in der Unteroffiziersschule. Mit „Eleve" mussten wir uns melden. Im Kulturraum, wo sich die Eleven in ihrer Freizeit aufhalten konnten, spielte ich Akkordeon zum Singen der Eleven und beschäftigte mich dort auch mit anderen Aufgaben.

Ich berichtete schon, dass mein schon laufendes Fernstudium an der TH unter der Bedingung stattfand, dass ich an den vorgeschriebenen Konsultationen an der TH anwesend sein musste. Am Anfang des Militärdienstes sprach ich darüber mit dem Führer der Unteroffiziersschule. Der sagte mir, dass ich darüber mit dem Offizier für politische Bildung sprechen solle. Der sagte mir, dass hinge von meinen Ausbildungsforschritten ab, und es wäre auch gut, wenn ich in die „PZPR" (Vereinigte Polnische Arbeiterpartei) einträte. Das habe ich gemacht und wurde „Genosse". Dieser Schritt gab mir weitere Möglichkeiten, privilegierter Eleve zu sein.

Im Winter war es kalt in unserem „Schlaf- und Wohnraum", wo 14 Eleven und zwei Unteroffiziere untergebracht waren. In dem Raum waren wir am längsten während der Nacht, von 22:00 Uhr bis 6:00 Uhr. Der Raum wurde mit einem Kachelofen täglich nur zwei Stunden von 17:00 Uhr bis 19:00 Uhr mit Kohle beheizt. Um 19:00 Uhr musste man die glühende Kohleasche aus dem Ofen herausholen und in einem Stahleimer nach draußen wegtragen. Anschließend die Feuerstätte mit einem Lappen nass auswischen. Für einen Raum war täglich ein Eimer Steinkohle zugeteilt.

Um etwas mehr Zeit zum Lernen zu haben, bekam ich die Aufgabe eines Heizers, und zu der Aufgabe gehörte es, zwei Kachelöfen in zwei Stunden warm zu bekommen. Es handelte sich um den Kachelofen im Schlaf- und Wohnraum und im Kulturraum der Eleven. Öfter standen die Eleven an den Kachelöfen, um sich etwas zu erwärmen. Man hatte manchmal den Eindruck, dass die Eleven den Ofen wärmten.

Als Heizer war ich von allen anfallenden Arbeiten in der Unteroffiziersschule befreit, wie Kartoffeln schälen, den Kasernenplatz fegen, Waschraum, Toilette säubern usw. Die „Geschäfte" in der Toilette konnte man nur in hockender Position auf einem Klosettbecken erledigen.

Ich wurde auch zum Leiter des Kulturraums der Eleven benannt. Durch die zwei Aufgaben hatte ich etwas mehr Zeit, in das Studienmaterial hineinzuschauen und lernen. Ein großes Privileg für mich war auch, dass ich im Kulturraum zwei Schränke hatte. Denn im Soldatenschlaf-Wohnraum hatten wir keine Schränke, es waren nur Hochbetten, und vor den Betten stand ein Hocker. Auf den Hockern konnten wir, wenn es die Zeit erlaubte, sitzen. Sonst waren auf den Hockern über Nacht unsere Uniformen auf die Maße 30x30 cm zusammengelegt. Meistens, als wir schon im Bett waren, kontrollierte ein Unteroffizier mit einem 30 cm langen Stock die Maße der zusammengelegten Uniform. Bei Abweichungen der Maße schmiss er die Uniform zu Boden. Man musste aus dem Bett aussteigen, um die Uniform wieder maßgerecht zusammenzulegen, das ging manchmal so einige Male.

Da wir im Schlaf-Wohnraum keine Schränke hatten, waren unsere Ausgangsuniformen, Mäntel, Gasmasken, Tornister, Waffen usw. in einem getrennten Raum untergebracht. Mein Lernmaterial der TH hatte ich beim Chef der Unteroffiziersschule untergebracht. Ich erwähnte schon, dass meine Benennung zum Leiter des Kulturraums der Eleven ein großes Privileg war, auch deswegen, weil sich dort zwei Schränke befanden, in denen Spiele, Bücher usw. untergebracht waren. Da ich diese unter Verschluss hatte, konnte ich in einem Schrank mein Lernmaterial unterbringen. Nicht nur das, da konnte ich auch einige andere private Sachen unterbringen, auch die Flasche mit dem schon erwähnten „Maggie" und etwas Essbares.

Nach ein paar Monaten als Eleve hatte ich einiges mit der Militärjustiz zu tun. Zwei Eleven unseres Zuges sind weggelaufen – desertiert. Beide haben mir bei verschiedenen Tätigkeiten im Kulturraum der Eleven geholfen. Der eine arbeitete in Zivil in einer Buchhandlung und der andere als Buchbinder. Eines Tages sprachen sie mit mir, dass sie die unmenschliche Behandlungen in dem Wehrdienst nicht mehr über sich ergehen lassen wollten, und sie würden am liebsten desertieren, und das noch vor dem Ablegen des Gelöbnisses. Da sagte ich zu ihnen: *„Wenn sie euch erwischten, kommt ihr ins Gefängnis."* Sie waren der Meinung, dass es besser wäre, im Gefängnis zu sein, als hier malträtiert zu werden. Ich sagte zu ihnen, dass sie das nicht tun sollten und versuchte sie zu überzeugen, dass sie sich daran gewöhnten und dass aller Anfang schwierig sei. Und dass sie eines Tages stolz sein würden, dass sie die schwierige Lebensschule hinter sich hätten. Sie haben mit mir darüber nicht mehr gesprochen, und ich habe sogar ihr Vorhaben vergessen.

Es war an manchen Tagen bei Übungen mit unserer Waffenart sehr schwer auszuhalten. Der Übungsplatz lag ca. 2 km von der Kaserne entfernt, und die Waffenart, bei der wir dienten, wurde normalerweise auf einer Fuhre mit zwei Pferden dorthin transportiert. An machen Tagen mussten wir die Waffenteile zum Übungsplatz tragen, die zwischen 9 und 15 kg wogen. So wurden die Pferde geschont, aber die Eleven nicht. Im Winter an frostigen Tagen dachten wir, dass uns beim Tragen der Metallteile die Hände gefroren. Bei Regen oder nassem Boden waren unsere Mäntel und Hosen nass, doch wir mussten in diesen weiter üben. In der Kaserne gab es keine Möglichkeit, diese zu trocknen. Die Hosen trockneten am Körper. Es gab keine Socken, nur Lappen zum Einwickeln der Füße.

An einem Tag war unser Zug in der Küche, um dort Kartoffeln zu schälen. Kartoffeln schälen dauerte manchmal bis Mitternacht. Ich war nicht dabei, da ich von der Beschäftigung entlassen war. Ich schlief schon, als die Kollegen vom Kartoffelschälen zurück gekommen sind. Einer der Unteroffiziere weckte mich und frage mich nach den zwei Eleven, die desertieren wollten. Wie sich heraus stellte, waren sie nicht beim Kartoffeln schälen, weil sie dem Unteroffizier gesagt haben sollen, dass sie zum Offizier für politische Bildung gingen, um bei ihm seine Bücher zu binden. Der Offizier wurde angerufen, und da stellte sich heraus, dass er sie nicht zu sich bestellt hatte, und sie so den Unteroffizier belogen hätten. In dem Moment war mir klar, dass die beiden desertierten. Ich sagte zu dem Thema aber kein Wort.

Am dritten Tag, nachdem sie verschwunden waren, sah ich während der Übungen am Übungsplatz, dass uns zwei Personen beobachteten, die etwa 150 m von uns standen. Da sagte ich zu unserem Unteroffizier, er solle in die Richtung der zwei sehen, denn sie sahen so aus, als ob es die beiden Deserteure wären. Er ging dorthin, und tatsächlich waren das die beiden. Sie hatten über die Uniform einen Zivilmantel angezogen. Der Unteroffizier ging mit den beiden in die Hauptkaserne, und wir marschierten zurück in die Unteroffiziersschule.

Sie wurden der Militärjustiz übergeben und irgendwo außerhalb unserer Einheit eingesperrt. Im Verhör gaben die beiden an, dass mir ihre Pläne, aus dem Militärdienst abzuhauen, bekannt waren. Nun wurde ich mehrmals vom Offizier für die Staatssicherheit in der Truppeneinheit verhört. Das war ein sehr strenger Offizier, vor dem sich sogar die Offiziere fürchteten. Bei den Verhören schimpfte er mit mir, und die Pistole hatte er auf dem Schreibtisch liegen. Er nahm wohl an, dass hinter dem Desertieren der beiden vielleicht noch eine Verschwörung lag. Er sagte mir beim letzten Verhör: *„Du kommst mit den beiden auf die Anklagebank."* Ich hatte eigentlich keine Angst, denn ich sagte nur, wie es war, und wenn, dann war mir auch egal, ob ich danach frei oder ins Gefängnis käme.

Nach einiger Zeit fand in unserer Kaserne ein Schauprozess statt, an dem alle Soldaten der Einheit teilnahmen. In dem Verhandlungssaal musste ich Platz nehmen auf einem von drei Stühlen. Die Deserteure wurden dann neben mir auf die zwei leeren Stühle gesetzt, also saß ich auch auf der Anklagebank. Wir sahen uns nur mit ernsten Gesichtern an. Es war so, wie mir der Offizier für die Staatssicherheit in der Truppeneinheit sagte: *„Du kommst mit den beiden auf die Anklagebank."*

In der Verhandlung sagten die beiden und auch ich kein Wort, da uns keine Frage gestellt wurde. Die Verhandlung dauerte nicht lange, es wurde nur die Anklageschrift vom Militärgericht verlesen. Ich wurde angeklagt, weil ich ihre Desertierpläne nicht verraten hatte, und sie so ihren Plan hatten verwirklichen können. Also hätten sie bei Verrat keine Chance gehabt zu desertieren. Nach Verlesen der Anklageschrift und kurzer Pause wurde das Urteil verkündet. Jeder von ihnen wurde zu drei Jahren Arbeitsknast verurteilt. Ich bekam zehn Tage Soldatenarrest in der Einheit. Es sah so aus, als ob das Urteil schon vor der Verhandlung festgelegt worden wäre. In der Verhandlung hatten die beiden und auch ich keinen Anwalt, der uns verteidigen konnte. Der Schauprozess und die hohen Strafen waren wohl nur dazu da, um die Soldaten vor dem Desertieren abzuschrecken.

Vom Gerichtssaal wurde ich zur Wachstube geführt, und dort musste ich abgeben: die Schnürsenkel der Schuhe, Hosengürtel und andere persönliche Sachen. Von der Wache führte mich ein Wachsoldat mit Waffe zum Arrest. In der Arrestzelle war kein

Stuhl, nur ein hartes Bett zur Wand hochgeklappt und mit Schloss gesichert. Das war eine Einzelarrestzelle von mehreren Arrestzellen, die unter Verschluss waren. Nun setzte ich mich in der Ecke auf den Boden, und so nahm ich das Abendessen ein.

Der Arrest wurde 24 Stunden von einem bewaffneten Wachsoldaten der Wache bewacht, und dieser versperrte Unbefugten den Zugang zu den Zellen. Bei Bedürfnissen führte mich der Wachsoldat mit einer Waffe zur Toilette. Abends um 22:00 Uhr wurde die harte Bretterliege in Schlafposition gestellt. Zum Zudecken diente nur der Mantel. Um 6:00 Uhr früh Aufstehen, Waschen, Rasieren usw. unter Bewachung eines Wachsoldaten. Als ich zurück in die Arrestzelle kam, war die Bretterliege wieder hoch an der Wand abgeschlossen. Nach dem Frühstück musste ich die Toiletten säubern, Korridore putzen usw., natürlich unter Bewachung eines bewaffneten Wachsoldaten. Einer von den Offizieren setzte sich wohl für mich ein, und ich „musste" tagsüber in der Soldatenküche arbeiten. Nur nachmittags ging ich für paar Stunden in die Zelle, um mich auszuruhen. In die Küche und zurück brachte mich immer ein Wachsoldat. In der Küche konnte ich mich frei bewegen. Dort spülte und trocknete ich Geschirr ab, wischte den Boden und aß gut. Nach den zehn Arresttagen bekam ich die Schnürsenkel, Hosengürtel usw. zurück und bedauerte zugleich, dass ich nur zehn Tage Arrest bekommen hatte.

Von einem der Verurteilten erfuhr ich, als ich schon in Zivil war, dass ihre Eltern das Urteil angefochten hatten, und begründeten dies mit der Mitschuld der Einheit. Und zwar, dass sie die dort herrschenden grauenvollen Erziehungszustände nicht hätten ertragen können, und somit wurden sie gezwungen, unerlaubt die Einheit zu verlassen. Im zweiten Gerichtsverfahren wurden sie zu je zwei Jahren Arbeitsknast verurteilt. Da sie unter Tage in einer Kohlegrube gearbeitet hatten, zählte jeder Tag doppelt. Und so waren sie früher in Zivil als wir nach dem Wehrdienst.

Und so befand ich mich zwei Mal in einem Jahr im Arrest – bei der Polizei und jetzt. Da war ich von dem Staat „Polska Ludowa" (Volkspolen) so bedient, dass ich schon jetzt genug hatte. Ich dachte sogar daran, meinen Antrag zur Parteiaufnahme zurück zu nehmen. Vielleicht bekam ich nur zehn Tage Soldatenarrest in der Einheit, weil ich ein Genosse war. Nach den Arresttagen kam der Alltag zurück, und über meinen Arrest sprach keiner mehr. Als Friseur war ich immer mehr beschäftigt. Ich schnitt vielen Offizieren die Haare, und jeder wollte mir so viel wie möglich zu meinem Fernstudium helfen. Sogar der Arzt der Einheit schrieb mich ab und zu für ein paar Tage krank, und so konnte ich in der Krankenstube ungestört lernen. Bis zuletzt habe ich sogar dem Brigadeführer die Haare geschnitten und ihn manchmal auch rasiert. Die Tätigkeit erledigte ich in der Kaserne und in den Wohnungen der Offiziere. Vorwiegend auf dem Sommer-Truppenübungsplatz, wo wir von Ende April bis Ende Oktober waren.

Bei den beaufsichtigten Übungen für unsere Einheitsoffiziere, die weit von der Kaserne stattfanden und einige Tage dauerten, war ich als Friseur dabei. Ich wurde im Zelt der Sanitäter untergebracht, und so konnte ich unseren Arzt etwas näher kennen lernen. Als Friseur stand ich den beaufsichtigenden Offizieren zu Verfügung, schnitt ihnen die Haare und rasierte ihre Bärte. Die beaufsichtigenden Offiziere waren hohe Offiziere aus dem Hauptquartier der Streitkräfte. Ich nehme an, dass unsere Einheit den Offizieren alles bequem machte, damit sie die Übungen gut bewerteten. Ich hatte immer fünf Rasiermesser dabei, und fünf waren immer bei meinem Vater, der mir die Messer immer an einem Schleifstein schärfte. Ich schärfte sie nur an einem Ledergurt. Ich hatte auch einen Schleifstein dabei, und in der Not schliff ich die Rasiermesser selber.

Der Arzt der Truppeneinheit schulte Ersatzsanitäter, die in einem Ernstfall als Sanitäter einspringen konnten. Unter den Sanitätern befand auch ich mich. Beim Scharfschießen auf dem Schießplatz, der sich außerhalb des Ortes befand, musste immer ein Sanitäter dabei sein. So waren dort die Ersatzsanitäter öfters eingesetzt, e-benso auch ich.

Im ersten Dienstjahr marschierten wir jeden Sonntag mit Gesang in die Kirche, um die Hl. Messe zu besuchen. Im zweiten Jahr war der Kirchenbesuch verboten. Mit Gesang marschierten wir aber durch die Stadt, und das von der Unteroffiziersschule zur Haupt-kaserne, um dort im Bad zu duschen.

Im April 1953 erhielt ich von Zuhause die Nachricht, dass unsere Familie sich vergrößert hatte. Ein Schwesterchen Maria kam zur Welt. Durch den Nachwuchs zählte unsere Familie (ohne Sofia) sieben Personen: die Eltern: Vater (50), Mutter (42) und fünf Kin-der: ich (21), Stanislaus (17), Josef (12), Wladislaw (8) und Maria. Bruder Josef hütete meistens die kleine Maria.

Im ersten Dienstjahr war ich als Brautführer bei der Hochzeit meines Freundes, und zwar mit der Schwester der Braut. Das Brautpaar brachte uns als Paar zusammen, aber die Bekanntschaft endete gleich nach der Hochzeit. In der Zeit wollte ich mich nicht zu stark an ein Mädchen bin-den. Damals vertrat ich den Standpunkt, dass ich mich erst mit einem Mädchen binden würde, wenn ich Militär und Studium beendet hatte.

Foto: Ich, Eleve (21), als Braut-führerpaar – 1953

Wie es zu sehen ist, habe ich für die Hochzeit zwar nur zwei Tage, aber immerhin Urlaub bekommen. Denn, wie ich schon erwähnte, Urlaub stand nur dem zu, der sich den Urlaub verdient hatte. Also, den habe ich mir wohl verdient, nämlich durch meine Dienstleistungen.

In der Unteroffiziersschule war ich zwei Jahre, also die ganze Wehrpflichtzeit. Im ersten Jahr war ich in der Ausbildung zum Unteroffizier, und im zweiten Jahr Ausbilder-Unteroffizier. Dass mich die Oberen als Ausbilder auf der Unteroffiziersschule behalten hatten, zeigt, dass ich ein disziplinierter Soldat mit militärischem Fachwissen war. Ich wurde auch mit dem Orden *„Vorbildlicher Soldat"* ausgezeichnet und besaß ein Sportabzeichen.

Foto: Ich (22), Unteroffizier mit dem Orden „Vorbildlicher Soldat" – 1954

Zu dem jährlichen Sommer-Truppenübungsplatz fuhren wir mit der Bahn in eine Gegend irgendwo bei Mielec, wo wir von Ende April bis Ende Oktober stationiert waren. In der Nähe des Truppenübungsplatzes war mir nur ein Ort mit einigen Häusern bekannt. Das war ein Sandgebiet umgeben von Wäldern. Wir waren in Zelten untergebracht, und gespeist wurde in einer großen Speisenlaube. Toiletten befanden sich am Ende der Wohn- bzw. Unterhaltungsfläche. Man erledigte die „Geschäfte" in hockender Position, ähnlich wie in der Kaserne, nur ohne Klosettbecken. Man stand auf einer Holzkonstruktion, und vorne musste man sich festhalten, damit man nicht in die Grube hineinfällt. Ab und zu war die Grube zugeschüttet und eine neue ausgegraben, und so entstand eine neue Feldtoilette.

Als Unteroffizier bekam ich in den letzten drei Monaten auf dem Sommerübungsplatz 15 ältere dienstpflichtige Soldaten (Reservisten), die einige Jahre von der Wehrpflicht zurückgestellt waren. Es waren Verheiratete und Väter unter ihnen. Vielleicht waren sie auch aus anderen Gründen vom Wehrdienst zurückgestellt. Vielleicht haben sie in der letzten Zeit etwas verbrochen, und so wurden sie zum Militärdienst berufen, um sie etwas zu erniedrigen und sie dabei zu lehren, dem Kommunistischen Staat gehorsam zu sein. Sie waren diszipliniert, gute Schüler und haben die Gefechtsübungen schnell beherrscht. Und so bestand auch kein Grund, sie mit strengen Befehlen herumzujagen. Auf dem sandigen Übungsplatz befanden sich kleine Gebüsche, in denen man einige schattige Stellen finden konnte. Manchmal waren mehrere Stunden taktische Übungen eingeplant, und wenn sie die Übungen schnell beherrscht haben, so bestand kein Grund, sie weiter in der Hitze herumzujagen. So ruhten wir in den Büschen bis zum planmäßigen Abmarschieren in das Truppenlager.

Als wir einmal in den Büschen waren, fragte mich einer von den Reservisten, ob man irgendwo in der Nähe Alkohol kaufen könnte. Ja, sagte ich. Denn aus dem Vorjahr war mir ein kleiner Laden in einem ca. 2 km entferntem Dorf bekannt, in dem man Alkohol kaufen konnte. Und so brachten sie etwas Geld zusammen, und ich ging mit zweien von ihnen dorthin und kaufte für jeden eine ¼ l Alkoholflasche. Für mich natürlich meine ¼ l Zitronenlikör. In dem Laden waren nur ¼ l Alkoholfalschen, denn die Leute, die dort und in der Umgebung wohnten, waren arme Leute, und wenn einer von ihnen Alkohol kaufte, dann nicht mehr als ¼ l. Solche „Übungen" wiederholten wir noch einige Male. In den Büschen lehrte ich sie auch Singen, und danach marschierten wir in das Truppenlager mit stürmischen Gesang.

Anfangs der Dienstzeit kam es mir so vor, als ob die zwei Dienstjahre eine Ewigkeit würden. Die zwei Jahre sind jedoch schnell vergangen und hinterließen gute und schlechte Erinnerungen. In den zwei Jahren habe ich vieles gelernt – ein guter Freund sein, mit Menschen auskommen und mit ihnen umgehen, das Bett machen, waschen: Taschentücher, Fußlappen, Uniform usw., Ordnung schaffen und halten, Körperpflege, Erste Hilfe leisten, gehorsam sein, Befehle (Anweisungen) ohne zu murren verrichten und essen, was auf den Tisch kommt. Dazu habe ich andere Menschen und Gegenden kennengelernt

In einer Soldatenzeitung gab es mehrere Artikel mit Fotos über mich und meine Truppe. Die Truppe unter meiner Führung war eine Spitzentruppe in der Unteroffiziersschule.

Kpr. Makiela za główne swe zadania uważa: tak wyszkolić i wychować podwładnych, aby stali się przodownikami. Praca jego daje dobre rezultaty. Elewi Opaliński, Kacprzak, Kret są przodującymi żołnierzami. Na zdjęciu: drużyna kpr. Makiely na zajęciach.

Foto: Ich (22) links – Unteroffizier mit den mir unterstehenden Eleven auf dem Übungsplatz. Ausschnitt aus einer Soldatenzeitung aus dem Jahr 1954

Folgend der Text zum Foto – übersetzt auf Deutsch: *Unteroffizier (Korporal) Makiela achtet grundsätzlich darauf, die Schützlinge so auszubilden und zu erziehen, dass sie aktive Soldaten werden. Seine Arbeit bringt gute Resultate. Die Eleven Opalinski, Kasprzak, Kret sind aktive Soldaten. Auf dem Foto: Truppe von Unteroffizier Makiela auf dem Übungsplatz.*

Mein Fernstudium verlief ohne Störungen, denn ich hatte genug Zeit, um zu lernen, und für die anfallenden Konsultationen erhielt ich immer zwei Tage Urlaub. Im Großen und Ganzen beklage ich die Wehrdienstzeit nicht. Ich fand viel Verständnis hinsichtlich meines Fernstudiums, und einige Offiziere haben mir geholfen, Zeit zum Lernen zu finden. So muss ich auch erwähnen, dass es in dem kommunistischen Militärsystem und der Bildungsanstalt auch

Menschen mit dem Bewusstsein gab, den jungen Menschen zu helfen und sie nicht zu ruinieren. Denn zu diesen Zeiten saßen viele Personen in den Behörden, Betrieben, Polizeistationen, Militäreinrichtungen usw., die keine richtige Bildung hatten, aber den kleinen Mann machten sie noch kleiner, als er tatsächlich war. Ihre Bildung zeigten sie in den Worten: *„Plappern Sie nicht", „Halt die Klappe"* usw. Man hatte nichts zu sagen, denn sie hatten das Sagen.

Einige Male bin ich bewaffnet mit der Geheimpost zur Division nach Kraków (Krakau) gefahren. Vormittags gab ich die Post ab, und anschließend bin ich nach Hause zu den Eltern gefahren, und in die Kaserne fuhr ich erst am nächsten Tag zurück. Für die Fahrt nach Kraków empfahl mich immer der Brigadeführer, mit dem ich durch die Friseurleistungen öfters im Kontakt war.

Der Brigadeführer wollte mich überreden, beim Militär zu bleiben und an der Militärakademie weiter in meiner Richtung zu studieren. Oh nein! Dem kommunistischen polnischen Staat wollte ich nicht dienen. Warum nicht? Auch wegen den zwei Vorfällen mit der Polizei und der Militärjustiz, und zweitens spielte ich immer mit dem Gedanken, in die BRD überzusiedeln.

Im Spätherbst des Jahres 1953, schon im Rang eines Unteroffiziers, besuchte ich das städtische Kino. Neben mir saß ein schönes Mädchen, mit dem ich ins Gespräch kam. Zum nächsten Treffen vereinbarten wir, uns wieder im Kino zu treffen, wo wir uns dann auch meistens getroffen hatten. Ich konnte öfter am Abend die Kaserne verlassen, da in der Zeit in der Kaserne nicht viel los war. Der alte Soldatenjahrgang war schon in Zivil, und die neuen waren noch nicht da. Sie ließ sich bei unserem Kennenlernen „Ina" rufen. Sie wohnte in der Stadt, in der ich diente. Sie war 20 und ich 21 Jahre alt. Später trafen wir uns öfter in einem kleinen Park, aber nur, wenn es dunkel war. Sie wollte nicht im Ort mit einem Soldaten gesehen zu werden. Einige Male besuchte sie mich in den Besuchzeiten in der Kaserne, und da brachte sie immer ein großes

Stück Käsekuchen mit – meinen Lieblingskuchen. Käsekuchen esse ich noch heute sehr gerne. Aber Inas Käsekuchen war ein besonderer Kuchen. Ina, ein brünettes Mädchen, erinnerte mich wegen seiner Schönheit und Herzlichkeit sehr an Cecilia. Sie schenkte mir ein Foto, das sich noch heute, im Jahr 2017, in meinem Besitz befindet.

Foto: Ina. Das schenkte sie mir im Jahr 1954 mit folgender Widmung: *„Zum Andenken an den lieben „Schwejk" Heinrich geschenkt"* – Ina.

Alle Unteroffiziere der Unteroffiziersschule wurden am Ende ihrer Dienstzeit zum Stabsunteroffizier befördert, ich jedoch als einziger nicht, denn darum hatte ich immer den Brigadeführer gebeten. Er hat mich wohl erhört, und ich wurde im Rang des „Kapral" (Korporal) in das Zivilleben entlassen. Darüber war ich sehr froh, denn die mit dem höheren Unteroffiziersrang waren ab und zu für einige Monate zu Militärübungen berufen, um sie immer in Kampfbereitschaft zu halten.

An einem Sonntag im Oktober 1954, so gegen 14:00 Uhr, erreichte uns die Meldung, dass wir in das Zivilleben entlassen seien. Und dass um 16:00 Uhr in der Hauptkaserne das Abschiedsantreten stattfände. Die Freude darüber war sehr groß. Die Zivilgarderobe stand schon bereit bei unserem Kompaniechef. In großer Eile gaben wir unsere Uniformen ab und zogen die Zivilsachen an. Um 16:00 Uhr verabschiedete uns der Brigadenführer mit seinem Offiziersstab. Seine Abschiedsrede wurde mit lauten Pfiffen gestört, und so sagte er: *„Ich nehme an, dass einige von euch noch im Kasernenarrest übernachten wollen."* Dann, in Begleitung der Militärkapelle, marschierten wir zum Bahnhof, wo gegen 17:00 Uhr die Personenzüge in beide Richtungen fuhren.

In der kurzen Entlassungszeit konnte ich Ina nicht benachrichtigen, dass ich aus dem Militär entlassen und den Militärdienstort in paar Stunden verlassen würde. Sie wusste aber, dass ich in einigen Tagen vom Militärdienst entlassen würde. In dem kleinen Ort sprach es sich schnell herum, dass die Entlassung der Soldaten stattgefunden hatte. Ich freute mich sehr, als mich Ina unter den vielen Soldaten fand, um sich von mir zu verabschieden bzw. mich zu überreden, dass ich erst am nächsten Tag nach Hause fahren solle. Ich wollte jedoch den Ort so schnell wie möglich verlassen, und so geschah es auch. Für sie war das ein trauriger Abschied, sie hatte Tränen in den Augen. In meiner großer Freude, dass ich aus dem Militärdienst entlassen war, fiel mir der Abschied von ihr nicht so schwer. Um Mitternacht kam ich zu Hause bei den Eltern an.

Ich versprach Ina, dass ich ihr schreiben und sie auch in Kürze besuchen würde. Ich habe mein Versprechen nicht gehalten, denn ich besuchte sie nicht und schrieb ihr auch nicht. Denn um die Fernbeziehung mit ihr zu halten fehlte mir die Zeit. Und so, mit meinem Schweigen, löschte ich langsam die Freundschaft aus. Vielleicht schrieb ich und besuchte Ina aus anderem Grund nicht. Denn kaum war ich vom Wehrdienst zu Hause angekommen, lernte ich an einem Tanzabend im Herbst 1954 ein schönes, junges Mädchen mit dem Vornamen „Adele" kennen. Sie war 16 und ich 22 Jahre alt, und sie war meine erste Freundin aus meinen Geburts- und Wohnort Dąbrówka. Denn Mädchen aus unserem Ort interessierten mich bis dahin nicht. Adele war eine Halbwaise, ihr Vater ist im Zweiten Weltkrieg gefallen. Ihre Mutter, Witwe, kümmerte sich alleine um ihre drei Kinder – Mädchen. Adele, das zweite Kind der Familie, arbeitete in der Zeit als Botin in der Firma, wo auch ihre Mutter arbeitete. Ihren Vater habe ich gekannt, nämlich aus dem Friseursalon meines Vater. Ich besuchte sie bei ihr zu Hause, und die Freundschaft mit ihr dauerte fast ein Jahr, bis Herbst 1955. Ich spürte, dass Adele nicht gefallen hat, dass ich viel mit ihrer älteren Schwester, 19 Jahre alt, Krankenschwester von Beruf, kokettierte. Ich spürte auch, dass Adeles Mutter lieber wäre, wenn ich Interesse an ihrer älteren Tochter zeigte. Ich war aber an ihr nicht interessiert, da sie nicht mein Typ war – eine Blondine. Mich interessierten doch bis jetzt nur brünette Mädchen wie: Cecilia, Franziska, Renate, Ina und jetzt die Adele. Adele schenkte mir ein Foto, das sich noch heute, im Jahr 2017, in meinem Besitz befindet.

Foto: Adele. Sie schenkte mir das Foto im Jahr 1955 mit folgender Widmung: *„Dem lieben Heinrich zum Andenken geschenkt"* – *Adele*. Da war sie inzwischen 17 und ich 23 Jahre alt.

Als ich an einem Sonntag Adele besuchte, da war nur die ältere Schwester von Adele zuhause, Mutter, Adele und ihre kleine Schwester waren nicht zu Haus. Also, die „Bude" war frei. Sie hatte ein schönes, leichtes Kleid an, und ihre schöne Figur in dem Kleid sollte mich wohl zum Verlieben anlocken. Der Trick von ihr und ihrer Mutter lief schief, ich ging einfach nach Hause. Das war mein letzter Besuch bei Adele, und zugleich endete unsere Freundschaft. Adeles Schwester gab nicht so schnell auf, sie besuchte mich einmal zu Hause und wollte, dass ich ihr Gesellschaft bei irgendeiner Veranstaltung leistete. Dies nahm ich nicht an. Ich blieb solo und guckte mich nicht nach Mädchen um, hatte jedoch Zuversicht, dass ich irgendwann ein nächstes Mädchen kennen lernen würde.

Bis zum Alter von 23 Jahren war ich vielleicht noch nicht erwachsen genug, um mich mit einem der hier erwähnten Mädchen fest zu binden.

Meine Biografie ab dem Jahr 1955 beschreibe ich in meinem Buch unter dem Titel: „Zwei Ehen – ein Leben".